चरित्र निर्माण एवं व्यक्तित्व का समग्र विकास

AF706298

Dr. Dinesh Dhakriya, Mr. Vijay singh Sirsam

notionpress.com

INDIA • SINGAPORE • MALAYSIA

Copyright © Dr. Dinesh Dhakriya, Mr. Vijay singh Sirsam 2026
All Rights Reserved.

This book has been published with all efforts taken to make the material error-free after the consent of the author. However, the author and the publisher do not assume and hereby disclaim any liability to any party for any loss, damage, or disruption caused by errors or omissions, whether such errors or omissions result from negligence, accident, or any other cause.

While every effort has been made to avoid any mistake or omission, this publication is being sold on the condition and understanding that neither the author nor the publishers or printers would be liable in any manner to any person by reason of any mistake or omission in this publication or for any action taken or omitted to be taken or advice rendered or accepted on the basis of this work. For any defect in printing or binding the publishers will be liable only to replace the defective copy by another copy of this work then available.

अनुक्रमणिका

सहयोगी लेखक परिचय

1. **डॉ. एस. पी. बिनाकिया,** (सेवानिवृत्त प्राध्यापक) वाणिज्य
2. **डॉ.नरेन्द्र कुमार नागले,** ग्रंथपाल, बी.एस.बी.शासकीय महाविद्यालय टिमरनी
3. **डॉ. निर्भय सिंह डोडवे,** सहायक प्राध्यापक राजनीति शास्त्र विभाग, शासकीय महाविद्यालय तामिया जिला छिंदवाड़ा
4. **निरंजन सिंह राजपूत,** शासकीय महाविद्यालय, तामिया (म. प्र.)
5. **डॉ. दिनेश कुमार ढाकरिया,** शासकीय महाविद्यालय तामिया, जिला छिंदवाड़ा (म.प्र.)
6. **श्री विजय सिंह सिरसाम,** शासकीय महाविद्यालय तामिया, जिला छिंदवाड़ा (म.प्र.)
7. **Prof. Jeetendra Gupta,** Assistant Professor, Sociology, Govt. Degree College Karera
8. **Dr. Aditya Kumar Binakia,** Guest Faculty, Dept. of English, Rajmata Scindia Govt Girls PG College, Chhindwara (M.P.)
9. **Dr. Vipin Mahore,** Department of English, Government College Tamiya, Chhindwara
10. **Dr. Mohammed Imran Khan,** Assistant Professor, Geography, SBS.Govt.P.G.College.Pipariya

11. **Miss Madhvika Ueikey,** Assistant Professor, Commerce, Govt. College Tamia

12. **Dr. Roopa Dehariya**

13. **Dr. Padma Pitliya,** Govt. College Namli

पुस्तक परिचय

मानव जीवन केवल उपलब्धियों का क्रम नहीं है, बल्कि वह मूल्यों, संवेदनाओं और आत्मविकास की एक सतत यात्रा भी है। आज का युग भले ही विज्ञान, तकनीक और प्रतिस्पर्धा का युग कहा जाता हो, किन्तु इस तीव्र गति के बीच एक गंभीर प्रश्न उभरता है—क्या हम केवल कुशल व्यक्तियों का निर्माण कर रहे हैं, या सशक्त चरित्र वाले संवेदनशील मनुष्यों का भी? "चरित्र निर्माण एवं व्यक्तित्व का समग्र विकास" शीर्षक यह संपादित ग्रंथ इसी प्रश्न के उत्तर की तलाश का एक विनम्र प्रयास है। यह पुस्तक इस विचार पर आधारित है कि व्यक्तित्व का विकास केवल बाहरी दक्षताओं तक सीमित नहीं होता, बल्कि वह व्यक्ति के आंतरिक स्वरूप—उसकी मान्यताओं, मूल्यों, संवेदनाओं और जीवन-दृष्टि—से गहराई से जुड़ा होता है। चरित्र, व्यक्ति के अस्तित्व की वह आधारशिला है, जिस पर उसके समस्त व्यवहार और निर्णय निर्मित होते हैं। अतः चरित्र निर्माण और व्यक्तित्व विकास को अलग-अलग नहीं, बल्कि एक-दूसरे के पूरक रूप में समझना आवश्यक है।

इस ग्रंथ में संकलित लेख विभिन्न विद्वानों, शिक्षकों एवं शोधार्थियों के चिंतन और अनुभवों का सार प्रस्तुत करते हैं। इनमें नैतिक मूल्यों, आत्मानुशासन, सहानुभूति, सामाजिक उत्तरदायित्व और मानवीय संबंधों जैसे विषयों पर गंभीर विचार-विमर्श किया गया है। साथ ही, व्यक्तित्व के मनोवैज्ञानिक, सामाजिक और शैक्षिक आयामों को इस प्रकार प्रस्तुत किया गया है कि पाठक केवल सिद्धांतों को ही न समझे, बल्कि उन्हें अपने जीवन में अनुभव भी कर सके।

पुस्तक विशेष रूप से इस बात पर बल देती है कि चरित्र निर्माण कोई एक क्षणिक उपलब्धि नहीं, बल्कि जीवन भर चलने वाली प्रक्रिया है। यह प्रक्रिया परिवार की प्रारंभिक सीख से आरंभ होकर शिक्षा, समाज और व्यक्तिगत अनुभवों के माध्यम से निरंतर विकसित होती रहती है। इस संदर्भ में शिक्षा की भूमिका अत्यंत महत्वपूर्ण है। शिक्षा यदि केवल सूचना प्रदान करने तक सीमित रह जाए, तो वह अधूरी है; उसका वास्तविक उद्देश्य व्यक्ति के भीतर विवेक, संवेदनशीलता और नैतिक चेतना का विकास करना होना चाहिए।

आज के समय में, जब भौतिक सफलता को अक्सर जीवन का अंतिम लक्ष्य मान लिया जाता है, यह पुस्तक पाठक को ठहरकर स्वयं से संवाद करने के लिए प्रेरित करती है। यह प्रश्न उठाती है कि सच्ची सफलता क्या केवल बाहरी उपलब्धियों में निहित है, या फिर वह अपने भीतर संतुलन, संतोष और नैतिक दृढ़ता प्राप्त करने में भी समाहित है? इस प्रकार, यह ग्रंथ आत्मचिंतन की एक ऐसी भूमि तैयार करता है, जहाँ पाठक अपने जीवन-मूल्यों और उद्देश्यों को पुनः परिभाषित कर सकता है।

इसके साथ ही, पुस्तक व्यक्तित्व विकास के व्यावहारिक पक्षों—जैसे प्रभावी संप्रेषण, नेतृत्व, निर्णय क्षमता और भावनात्मक संतुलन—पर भी प्रकाश डालती है। किन्तु इन कौशलों को केवल तकनीकी दक्षताओं के रूप में नहीं, बल्कि मानवीय संवेदनाओं से जुड़े गुणों के रूप में प्रस्तुत किया गया है। यही इस ग्रंथ की विशेषता है कि यह विकास को केवल "सफल होने" तक सीमित नहीं रखता, बल्कि "सार्थक होने" की दिशा में अग्रसर करता है।

यह पुस्तक विद्यार्थियों, शोधार्थियों, शिक्षकों और उन सभी पाठकों के लिए उपयोगी है, जो अपने जीवन को केवल उपलब्धियों से नहीं, बल्कि मूल्यों और अर्थपूर्ण अनुभवों से समृद्ध करना चाहते हैं। यह उन्हें न केवल ज्ञान प्रदान करती है, बल्कि उनके भीतर एक सजग, संवेदनशील और उत्तरदायी नागरिक बनने की प्रेरणा भी जगाती है।

अंततः, "चरित्र निर्माण एवं व्यक्तित्व का समग्र विकास" केवल एक अकादमिक ग्रंथ नहीं, बल्कि एक मानवीय दस्तावेज़ है—जो हमें यह याद दिलाता है कि सच्चा विकास वही है, जिसमें मनुष्य अपने भीतर के श्रेष्ठ गुणों को पहचानते

हुए, स्वयं के साथ-साथ समाज के प्रति भी अपनी जिम्मेदारियों को समझे। आशा है कि यह पुस्तक पाठकों के भीतर एक सकारात्मक परिवर्तन की दिशा में प्रेरणा का स्रोत बनेगी और उन्हें एक संतुलित, जागरूक एवं मानवीय व्यक्तित्व के निर्माण की ओर अग्रसर करेगी।

– संपादक

चरित्र निर्माण एवं व्यक्तित्व विकास

डॉ. एस. पी. बिनाकिया,
(सेवानिवृत्त प्राध्यापक)
वाणिज्य,

प्रस्तावना

एक व्यक्ति के समस्त विकास के दो महत्वपूर्ण पहलू हैं जो उसके गुणों, व्यवहार और मूल्यों को आकार देते हैं, व्यक्तित्व विकास में व्यक्ति के गुणों, दृष्टिकोणों और सामाजिक अनुकूलन क्षमता को निखारना शामिल है। यह एक गतिशील प्रक्रिया है जो जीवन भर चलती रहती है और बाहरी अनुभवों व आंतरिक मूल्यों से प्रभावित होती है।

चरित्र को अक्सर स्थायी माना जाता है, क्योंकि यह व्यक्ति की अन्तर्निहित नैतिकता को दर्शाता है, भले ही परिस्थितियां बदल जाएं, चरित्र निर्माण मजबूत रिश्तों को बढ़ावा देता है। स्कूल, परिवार और समुदाय जैसे विभिन्न साधन चरित्र निर्माण में महत्वपूर्ण भूमिका निभाते हैं।

जीवन क्या है

"उद्यानम ते पुरुष नावयानम" अर्थात ईश्वर ने विशेष व महान कार्य करने एवं उत्कर्ष के लिए पुरुष को बनाया है, पतन के लिए नहीं। जीवन का प्रत्येक दिन एक नया जन्म होता है और एक दिन का समय प्रत्येक पल पूरे जीवन के बराबर होता है, अतः आज अभी से ही पूर्ण तत्परता सजगता व सहस्रता के साथ श्रेष्ठ कार्य करें जिनके लिए परमात्मा ने इस संसार में भेजा है।

जीवन एक उत्सव है तथा परमात्मा का एक बड़ा उपहार है। मानव जीवन परमात्मा की एक सर्वश्रेष्ठ कृति है, यह शरीर देवालय, शिवालय व भगवान का मन्दिर है। आत्मा अजर, अमर, नित्य, अविनाशी, ज्योतिर्मय, तेजोमय, शाश्वतमय और परिपूर्ण गुणों से युक्त पूर्ण-चेतन है, जीवन अमूल्य है, जीवन को छोटे उद्देश्यों के लिए जीना जीवन का अपमान है, अपनी शक्तियों को तुच्छ कामों में व्यर्थ खर्च करना, व्यसनों एवं वासनाओं में जीवन का बहुमूल्य समय नष्ट करना, जीवन का तिरस्कार है। हमारे जीवन और मृत्यु दोनों ही गौरवपूर्ण होने चाहिए. हमारा जीवन स्वाभिमान व आत्मज्ञान से पूर्ण विचारवान एवं विवेकवान होना चाहिए। ईश्वर ने महान काम करने के लिए हमारा निर्माण किया है. अतः जीवन को भय तथा भोग दोनों से बचाना है। शरीर में जब तक प्राण रहते हैं उस समय तक मनुष्य को निराश नहीं होना चाहिए। हन्तापूर्वक जीवन-लक्ष्य की ओर आगे बढ़ते रहना चाहिए एक दिन सफलता अवश्य मिलेगी। यही चरित्र निर्माण के मूल सूत्र है।

जीवन मे चरित्र का महत्व

एक बहुत पुरानी सूक्ति है:

> If Wealth is lost, nothing is lost,
> If health is lost, something is lost,
> If Character is lost, everything is lost.

अर्थात आपकी धन-सम्पत्ति का क्षय हो जाता है तो आपका कुछ नहीं गया, यदि आपका स्वास्थ्य नष्ट हो गया है, तो आपकी थोड़ी सी हानि हुई है, और यदि आपका आचरण ने आपका का साथ छोड़ जाता है तो आपका सर्वस्व चला जाता है।

आचरण का अर्थ वस्तुतः समस्त व्यक्तित्व को व्यक्ति समग्र शील स्वभाव को समाहित करता है। चरित्र के अन्तर्गत व्यक्ति के मन, वचन, वाणी से संबंधित समस्त प्रक्रिया एवं कार्य-कलाप आ जाते हैं। प्लूटार्क ने कहा है - चरित्र हमारा स्थाई स्वभाव है, इस स्थाई सम्पत्ति की रक्षा हर प्रकार, हर कीमत पर करनी चाहिए।

चरित्रवान व्यक्तियों को हम आदर्श व्यक्ति कहते हैं, आदर्श व्यक्तियों का जीवन प्रायः संकट ग्रस्त रहता है, क्योंकि वे जिस काम को अपनी आवाज़ समझते हैं, उसको करने के लिए दृढ़ संकल्प कर लेते हैं। महाराजा हरिश्चन्द्र को हम सत्यवादी चरित्र कहते हैं, क्योंकि अपने धर्म की रक्षा करने के लिए उन्होंने स्वयं अपने को चाण्डाल के हाथों बेच दिया था।

भगवान पुरुषोत्तम रामचन्द्र जैसी मर्यादा व चरित्र तथा योगेश्वर श्रीकृष्ण जैसी नीति व कार्यकुशलता हमारे जीवन व संगठन के आदर्श होने चाहिए। गाली-गलौज, जुआ, शराब, अफीम, चरस, गांजा व बीड़ी-सिगरेट आदि का सेवन सामाजिक अपराध एवं सर्वनाश के मूल कारण हैं। इससे स्वयं, समाज व देश के चरित्र की हानि होती है, हम अपनी सन्तान को कितनी भौतिक सम्पत्ति दे रहे हैं, यह महत्वपूर्ण नहीं है, अपितु जो संस्कार हम उनको दे रहे हैं, वे महत्वपूर्ण हैं।

सोचना कुछ, बोलना कुछ और करना कुछ वस्तुतः यह सबसे बड़ा चारित्रिक पतन है। भूले दिलासे से स्पष्ट इंकार बेहतर है। मनुष्य के अन्दर रहता है, सफलता उसकी प्रतिच्छाया के रूप में बाहर दिखाई देती है. चरित्र मानव को देवत्व प्रदान करने वाली संजीवनी है. इसको दृढ़ता प्रदान कीजिए. श्रेष्ठ विचारों का प्रभाव मानसिक तथा मानव-व्यवहार जगत तक सीमित नहीं रहता है, वह प्रकृति को भी प्राकृतिक बटवा-चक्र को भी समरसता प्रदान कर देता है-

फूलहिं फरहिं सदा तरु कानन, रहट एक संग गज पंचानन,
खग-मृग सहस्त्र बयरू बिसराई, सबंहि परस्पर प्रीति बढ़ाई,
लता विटप मागें मधु श्रवहिं, मन भावतो धेनु पय श्रवहिं,
सागर निज मरजादा रहही, डारहिं रत्न लटन्ति नर गहहीं।
– (रामचरित मानस, उत्तरकांड, दोहा-26)

चरित्र निर्माण कैसे हो

ऋषि के आश्रम में शेर निर्भय होकर घूमते हैं और घूमने वाले शेर के प्रति ऋषि भी निर्भय बना रहता है क्योंकि ऋषि के विचार-जगत में अहित-चिन्तन का

भाव लेश मात्र भी नहीं होता है और इसकी सीमाओं में समस्त प्राणी सहज वैर-भाव भी भूल जाते हैं। इसके विपरीत कुत्सित विचार व्यक्ति को वृत्तियों को स्तम्भन करदेते है, वह अपने काम को करते हुए झिझकता है, और कुत्सित कृत्य के बाद आत्म-ग्लानि की अग्नि से जलता है । त्रिलोकजयी रावन सीता हरण के लिए जाते समय चोरों की तरह इधर-उधर देखता हुआ और डरता हुआ जाता है। महात्मा गांधी ने एक बार ठीक ही कहा था कि कुपथ्य का उपचार हो सकता है परन्तु कुविचारों का उपचार सम्भव नहीं है क्योंकि वे आत्मा को दूषित कर देते हैं. दूषित विचार अनेक मानसिक एवं शारीरिक रोग उत्पन्न कर देते है।

मनुष्य का व्यक्तित्व और चरित्र ही सफलता का आधार है । धन तो केवल एक साधन-मात्र है। अपने आत्मविश्वास चरित्र के बल पर एक साधन रहित व्यक्ति भी महान विजयश्री प्राप्त कर सकता है।

चरित्र निर्माण हेतू आत्मबल

आत्मा में अथाह सामर्थ्य है.। सर्वदेश, सर्वकाल में सर्वोत्तम आत्मबल को विकसित करें.। भौतिक जगत में वाष्प शक्ति, इलेक्ट्रॉनिक शक्ति, विद्युत शक्ति, गुरुत्वाकर्षण शक्ति बड़ी मानी जाती है लेकिन आत्मबल उन सब शक्तियों का संचालक बल है । आत्मबल के सानिध्य में आने पर प्रतिकूल परिस्थितियां अनुकूल हो जाती हैं, आत्मबल सब रिद्धि-सिद्धियो का जन्मदाता है।

आत्म-बल कैसे जगायें

हर रोज प्रातः काल जल्दी उठकर सूर्योदय से पूर्व स्नानादि से निवृत हो जाय़े। स्वच्छ पवित्र स्थान में आसन बिछाकर पूर्व की ओर मुख करके पद्मासन या सुखासन में बैठ जायें.। शांत और प्रसन्न चित्त धारण करें.। मन में भावना करें कि मैं प्रकृति-निर्मित इस शरीर के सब अभावों को पार करके, सब मलिनताओं- दुर्बलताओं से पिण्ड छुड़ाकर आत्मा को जगाकर रहूंगा।

आंखें आधी खुली आधी बन्द रखें। अब फेफड़ों में खूब श्वांस भरें और भावना करें कि श्वांस के साथ मैं सूर्य का दिव्य तेज भीतर भर रहा हूं, श्वांस को

यथाशक्ति अन्दर रोक रखें, फिर ऊं... का लम्बा उच्चारण करते हुए श्वांस को धीरे-धीरे छोड़ते जायें। श्वांस के खाली होने के बाद तुरन्त श्वांस न लें। यथाशक्ति बिना श्वांस रहें और भीतर ही भीतर हरि ॐ....हरिः ॐ... का मानसिक जाप करते रहें। फिर फेफड़ों से खूब श्वास भरें एवं पूर्व की तरह श्वास यथाशक्ति अंदर रोककर बाद में धीरे-धीरे छोड़ते हुए ऊं... का गुंजन करें । दस-पन्द्रह मिनट ऐसे प्राणायाम सहित उच्च स्वर से ऊं... की ध्वनि करके शांत हो जाये, सब प्रयास छोड़ दें और वृतियों को आकाश की ओर फैलने दें और शांत होकर अपने विचारों को देखते रहे। इस अवस्था में दृढ़ निश्चय करो कि हमें जैसा चाहते हो वैसा होकर रहेगा. यही आपका निश्चयबल या आत्मबल है। यही आतमबल आपके चरित्र को श्रेष्ठता की ओऱ ले जायेगा और आपका व्यक्तित्व निखऱता जायेगा ।

संदर्भ

1. व्यक्तित्व विकास - प्रो० चतुर्वेदी, आर०पी०, उपकार प्रकाशन, आगरा।
2. विचार– क्रान्ति - आचार्य बालकृष्ण, दिव्य प्रकाशन, पतंजलि योगपीठ, हरिद्वार।
3. पंचामृत - श्री योग वेदान्त सेवा समिति, अहमदावाद।
4. रामचरितमानस - उत्तरकांड।
5. अखण्ड ज्योति - डॉं. प्रणव पण्ड्या, अखण्ड ज्योति संस्थान, मथुरा।

चरित्र निर्माण में शिक्षा और शैक्षणिक संस्थान की भूमिका

डॉ.नरेन्द्र कुमार नागले
ग्रंथपाल
बी.एस.बी.शासकीय महाविद्यालय टिमरनी
Email-narendranagle9582@gmail.com

सारांश

चरित्र निर्माण में शिक्षा और शैक्षणिक संस्थानों की महत्वपूर्ण भूमिका का गहन विश्लेषण प्रस्तुत करता है। यह शोध इस बात पर केंद्रित है कि शिक्षा केवल अकादमिक ज्ञान प्रदान करने तक ही सीमित नहीं है, बल्कि यह विद्यार्थियों में नैतिक मूल्यों, सामाजिक जिम्मेदारी और मानवीय गुणों का विकास करने का एक महत्वपूर्ण साधन है। आज की अत्यधिक प्रतिस्पर्धी दुनिया में, जहाँ शैक्षणिक उपलब्धि पर अत्यधिक जोर दिया जाता है, वहाँ चरित्र निर्माण को अक्सर नजरअंदाज कर दिया जाता है। इसके परिणामस्वरूप, समाज में नैतिक मूल्यों की कमी और कमजोर चरित्र के मुद्दे सामने आ रहे हैं। शिक्षा और चरित्र निर्माण के गहरे संबंध का मूल्यांकन करता है, जिसमें नैतिक शिक्षा, जीवन-कौशल विकास, और पाठ्येतर गतिविधियों की भूमिका पर प्रकाश डाला गया है। यह शैक्षणिक संस्थानों की भूमिका को भी उजागर करता है, जहाँ शिक्षक छात्रों के लिए आदर्श होते हैं, और संस्थागत वातावरण छात्रों के नैतिक विकास को प्रभावित करता है। शोध में चरित्र निर्माण में शिक्षा के समक्ष आने वाली चुनौतियों, जैसे तकनीकी प्रभाव और नैतिक मूल्यों की उपेक्षा, पर भी विचार किया गया है। अंत में, यह शोध

पत्र एक प्रभावी चरित्र-निर्माण-आधारित शिक्षा प्रणाली को विकसित करने के लिए सुझाव प्रस्तुत करता है, ताकि समाज और राष्ट्र के लिए जिम्मेदार और नैतिक नागरिकों का निर्माण किया जा सके।

कीवर्ड्स: चरित्र निर्माण, नैतिक शिक्षा, मूल्य शिक्षा, शैक्षणिक संस्थान, सर्वांगीण विकास।

प्रस्तावना

मनुष्य एक सामाजिक प्राणी है और उसका चरित्र ही उसके सामाजिक अस्तित्व का आधार है। भारतीय दर्शन में, शिक्षा को केवल ज्ञानार्जन का माध्यम नहीं, बल्कि व्यक्ति के सर्वांगीण विकास का साधन माना गया है। इस सर्वांगीण विकास में चरित्र का निर्माण सबसे महत्वपूर्ण है। चरित्र ही वह नींव है, जिस पर एक मजबूत समाज और राष्ट्र का निर्माण होता है। जब तक व्यक्ति का चरित्र सुदृढ़ नहीं होगा, तब तक किसी भी समाज की प्रगति संभव नहीं है। शैक्षणिक संस्थान और शिक्षा प्रणाली, इस प्रक्रिया में निर्णायक भूमिका निभाते हैं, क्योंकि वे न केवल ज्ञान का संचार करते हैं, बल्कि छात्रों को नैतिक, सामाजिक और आध्यात्मिक रूप से भी विकसित करते हैं।

शिक्षा और चरित्र निर्माण का सैद्धांतिक आधार

शिक्षा और चरित्र निर्माण का संबंध सदियों से दार्शनिकों और विद्वानों का विषय रहा है।

- **भारतीय परिप्रेक्ष्य:** भारतीय संस्कृति में चरित्र निर्माण को शिक्षा का मूल उद्देश्य माना गया है। प्राचीन गुरुकुल प्रणाली में, छात्रों को केवल ज्ञान ही नहीं, बल्कि नैतिक मूल्य, अनुशासन और आत्म-संयम भी सिखाया जाता था। गुरु-शिष्य परंपरा में गुरु अपने आचरण से ही शिष्यों को नैतिकता का पाठ पढ़ाते थे।
- **पश्चिमी परिप्रेक्ष्य:** पश्चिमी दार्शनिकों ने भी चरित्र निर्माण पर बल दिया है। अरस्तू ने 'इथोस' या चरित्र को मानव जीवन का एक महत्वपूर्ण हिस्सा माना, जो नैतिकता और सद्गुणों पर आधारित है।

- **आधुनिक शिक्षाशास्त्र:** आधुनिक शिक्षाशास्त्रियों ने चरित्र निर्माण को पाठ्यक्रम का एक अभिन्न अंग बनाने की वकालत की है। मार्टिन लूथर किंग जूनियर ने कहा था, "शिक्षा का उद्देश्य गहन चिंतन और आलोचनात्मक चिंतन सिखाना है। बुद्धि के साथ-साथ चरित्र ही सच्ची शिक्षा का लक्ष्य है"।

शैक्षणिक संस्थानों की भूमिका

शैक्षणिक संस्थान, जैसे स्कूल, कॉलेज और विश्वविद्यालय, चरित्र निर्माण में एक केंद्रीय भूमिका निभाते हैं।

- **शिक्षक की भूमिका:** शिक्षक केवल ज्ञान का स्रोत नहीं, बल्कि छात्रों के लिए एक आदर्श और मार्गदर्शक होते हैं। उनका व्यवहार, नैतिकता और सोच छात्रों पर गहरा प्रभाव डालती है।
- **पाठ्यक्रम का प्रभाव:** शैक्षणिक पाठ्यक्रम में नैतिक शिक्षा, मूल्य शिक्षा और सामाजिक जिम्मेदारियों से संबंधित विषयों को शामिल करना चरित्र निर्माण के लिए आवश्यक है।
- **पाठ्येतर गतिविधियाँ:** खेल, वाद-विवाद प्रतियोगिताएँ, कला और स्वयंसेवी कार्य जैसे कार्यक्रम छात्रों को टीम वर्क, नेतृत्व, धैर्य और सहानुभूति जैसे गुणों का विकास करने में मदद करते हैं।
- **संस्थागत संस्कृति:** संस्थान की संस्कृति और नियम-कानून भी छात्रों के व्यवहार को प्रभावित करते हैं। एक सकारात्मक और नैतिक वातावरण छात्रों को सही मार्ग पर चलने के लिए प्रेरित करता है।

आधुनिक शिक्षा में चुनौतियाँ

- आधुनिक शिक्षा प्रणाली कई चुनौतियों का सामना कर रही है, जो चरित्र निर्माण की प्रक्रिया को प्रभावित करती हैं।
- **अकादमिक दबाव:** आज की प्रतिस्पर्धी दुनिया में, उच्च शैक्षणिक अंक प्राप्त करने पर अत्यधिक जोर दिया जाता है, जिससे नैतिक शिक्षा को कम महत्व दिया जाता है।

- **तकनीकी प्रभाव:** इंटरनेट और सोशल मीडिया के अत्यधिक उपयोग से छात्रों में व्यक्तिगत मूल्यों की कमी और सामाजिक जिम्मेदारियों की उपेक्षा हो रही है।
- **मूल्यविहीन व्यवहार:** आधुनिक समाज में नैतिक मूल्यों में गिरावट ने छात्रों के चरित्र पर नकारात्मक प्रभाव डाला है।
- **पारिवारिक भूमिका में कमी:** कई परिवारों में, माता-पिता व्यस्तता के कारण बच्चों को नैतिक शिक्षा देने में असमर्थ होते हैं, जिससे यह जिम्मेदारी संस्थानों पर आ जाती है।

प्रभावी चरित्र-निर्माण-आधारित शिक्षा प्रणाली के लिए सुझाव

एक प्रभावी चरित्र-निर्माण-आधारित शिक्षा प्रणाली को विकसित करने के लिए कुछ कदम उठाए जा सकते हैं:

- **वैदिक शिक्षा प्रणाली का समावेश**: वर्तमान शिक्षा को वैदिक शिक्षा के नियमों के अनुसार स्वीकार किया जा सकता है, जो चरित्र और मूल्यों के विकास पर जोर देती है।
- **मूल्य शिक्षा का पुनरुद्धार**: पाठ्यक्रम में मूल्य शिक्षा को फिर से शामिल किया जाना चाहिए, ताकि छात्र नैतिक और आध्यात्मिक मूल्यों को सीख सकें।
- **शिक्षकों का प्रशिक्षण**: शिक्षकों को न केवल अकादमिक ज्ञान, बल्कि नैतिक मूल्यों को सिखाने के लिए भी प्रशिक्षित किया जाना चाहिए।
- **सामुदायिक भागीदारी**: अभिभावकों, समाज और शैक्षणिक संस्थानों को मिलकर काम करना चाहिए, ताकि छात्रों में नैतिक मूल्यों का विकास हो सके।

केस स्टडी और अनुभवजन्य साक्ष्य

इस शोध पत्र में कुछ केस स्टडी और अनुभवजन्य साक्ष्य भी शामिल किए जा सकते हैं, जो दिखाते हैं कि चरित्र निर्माण में शिक्षा ने कैसे सफलता हासिल की

है। उदाहरण के लिए, वे शैक्षणिक संस्थान जो नैतिक शिक्षा पर ध्यान केंद्रित करते हैं, उनके छात्रों में बेहतर सामाजिक व्यवहार और नैतिक निर्णय लेने की क्षमता पाई गई है।

7. निष्कर्ष

शिक्षा और शैक्षणिक संस्थान चरित्र निर्माण के महत्वपूर्ण आधार हैं। एक नैतिक और जिम्मेदार समाज का निर्माण तभी संभव है, जब शिक्षा प्रणाली अकादमिक ज्ञान के साथ-साथ चरित्र और नैतिक मूल्यों के विकास पर भी ध्यान केंद्रित करे। हालांकि आधुनिक शिक्षा में कई चुनौतियाँ हैं, लेकिन उचित प्रयासों और नवाचारों से, हम एक ऐसी शिक्षा प्रणाली विकसित कर सकते हैं, जो भविष्य के नागरिकों को नैतिक, जिम्मेदार और मानवतावादी गुणों से समृद्ध बनाए।

संदर्भ

1. NCERT JOURNALS, "“शिक्षा एवं चरित्र निर्माण”.
2. Brainly.in, “Charitra nirmaan ke bina shiksha adhuri parr anuched likhiye in hindi”.
3. Jagran, “चरित्र व व्यक्तित्व निर्माण में शिक्षण संस्थानों की भूमिका अहम”.
4. NCERT JOURNALS, “शिक्षा एवं चरित्र निर्माण”. Vega Schools, “चरित्र निर्माण में स्कूली शिक्षा की भूमिका”.
   edusanchar.com, “शोध-पत्र”. Sanjeev Datta Personality School, “चरित्र निर्माण में शिक्षा की भूमिका”.
5. ResearchGate, “छात्र निर्माण में शिक्षकों की भूमिका ...”.
6. New Horizon Gurukul Preschool, “नैतिक शिक्षा : चरित्र निर्माण और मजबूत मूल्य”.
   socialresearchfoundation.com, “व्यक्तित्व निर्माण में धार्मिक व नैतिक शिक्षा की”.

socialresearchfoundation.com, "नैतिकता से हमारा तात्पर्य यह है कि प्रत्येक समूह में सामाजिक".Quora, "चरित्र निर्माण में शिक्षा का क्या योगदान है?".

7. Graduate Programs for Educators, "प्राथमिक विद्यालय में चरित्र शिक्षा का महत्व".

8. E-Journal UNUJA, "गठन में शैक्षिक संस्थानों की भूमिका ...".

चरित्र निर्माण एवं व्यक्तित्व का समग्र विकास

डॉ. निर्भय सिंह डोडवे,
सहायक प्राध्यापक राजनीति शास्त्र विभाग,
शासकीय महाविद्यालय तामिया जिला छिंदवाड़ा

सारांश

व्यक्तित्व का समग्र विकास केवल शैक्षणिक उपलब्धियों या बाहरी सफलता का परिणाम नहीं है, बल्कि यह व्यक्ति के आंतरिक गुणों, नैतिक मूल्यों, भावनात्मक परिपक्वता और सामाजिक जिम्मेदारी का समन्वित रूप है। चरित्र निर्माण इस प्रक्रिया की आधारशिला है। यदि व्यक्ति का चरित्र सुदृढ़ है, तो उसका व्यक्तित्व स्वतः ही संतुलित, प्रभावशाली और प्रेरणादायी बन जाता है। यह लेख चरित्र निर्माण की आवश्यकता, इसके साधन, शिक्षा की भूमिका तथा व्यक्तित्व विकास के बहुआयामी पहलुओं पर प्रकाश डालता है। सत्य, ईमानदारी, अनुशासन, आत्मसंयम, सेवा और नैतिकता जैसे गुण ही व्यक्ति के वास्तविक चरित्र के स्तंभ हैं। इन मूल्यों का समावेश व्यक्ति को न केवल आदर्श बनाता है बल्कि उसे समाज के प्रति उत्तरदायी और संवेदनशील भी बनाता है। जब ये सभी गुण एक साथ विकसित होते हैं, तभी व्यक्तित्व का समग्र निर्माण संभव होता है।

की-वर्ड्स: चरित्र निर्माण, व्यक्तित्व विकास, शिक्षा, नैतिक मूल्य, आत्मानुशासन, समाज, नेतृत्व

भूमिका

मानव जीवन केवल जीवित रहने का नाम नहीं है, बल्कि यह आदर्शों, सिद्धांतों और सामाजिक दायित्वों से भरा हुआ एक उद्देश्यपूर्ण जीवन है। चरित्र मनुष्य के व्यक्तित्व की आत्मा है। चरित्रहीन व्यक्ति चाहे कितना भी ज्ञानी या समृद्ध क्यों न हो, समाज में सम्मान प्राप्त नहीं कर सकता। चरित्र के बिना व्यक्तित्व अधूरा है और व्यक्तित्व के बिना चरित्र निष्प्रभावी।

आज के युग में, जब भौतिक प्रगति सर्वोच्च लक्ष्य बन चुकी है, नैतिकता और मूल्यबोध का क्षरण दिखाई देता है। इस परिप्रेक्ष्य में चरित्र निर्माण और व्यक्तित्व विकास का महत्व और भी अधिक बढ़ जाता है। एक सच्चा शिक्षित व्यक्ति वह है जिसके पास ज्ञान के साथ विवेक, संवेदना और जिम्मेदारी भी हो।

चरित्र निर्माण का महत्व

चरित्र निर्माण का अर्थ केवल अच्छे आचरण या नैतिकता का पालन करना नहीं है, बल्कि यह जीवन के हर क्षेत्र में सत्य, ईमानदारी, न्याय और करुणा का समावेश करना है।

1. **नैतिक आधार:** चरित्र व्यक्ति को सही और गलत का बोध कराता है। यह विवेक का वह दीपक है जो जीवन के अंधकार में मार्ग दिखाता है।
2. **सामाजिक सम्मान:** सुदृढ़ चरित्र से व्यक्ति समाज में विश्वास और आदर अर्जित करता है। चरित्रवान व्यक्ति समाज का आदर्श बन जाता है।
3. **व्यक्तिगत स्थिरता:** चरित्र व्यक्ति को आत्मविश्वास, आत्मसंयम और मानसिक संतुलन प्रदान करता है।
4. **जीवन की दिशा:** एक सुदृढ़ चरित्र व्यक्ति को लक्ष्य-निर्धारण और कठिनाइयों में दृढ़ बने रहने की शक्ति देता है।
5. **राष्ट्रीय दृष्टि से महत्व:** राष्ट्र का निर्माण उसके नागरिकों के चरित्र पर निर्भर करता है। चरित्रवान नागरिक ही सशक्त राष्ट्र का निर्माण कर सकते हैं।

स्वामी विवेकानन्द ने कहा था—

"यदि धन की हानि होती है तो कुछ नहीं जाता, यदि स्वास्थ्य की हानि होती है तो कुछ चला जाता है, पर यदि चरित्र की हानि होती है तो सब कुछ चला जाता है।"

व्यक्तित्व का समग्र विकास

व्यक्तित्व केवल बाहरी रूप-रंग, भाषण या पहनावे तक सीमित नहीं है। यह व्यक्ति के विचार, व्यवहार, दृष्टिकोण और जीवन दर्शन का समन्वय है। समग्र विकास के लिए निम्नलिखित आयाम आवश्यक हैं:

1. **शारीरिक विकास:**

   एक स्वस्थ शरीर में ही स्वस्थ मन का निवास होता है। नियमित व्यायाम, योग, संतुलित आहार और नींद का उचित संतुलन व्यक्ति की ऊर्जा और आत्मविश्वास को बढ़ाता है।

2. **मानसिक विकास:**

   तार्किक सोच, रचनात्मकता, समस्या-समाधान की क्षमता और सकारात्मक दृष्टिकोण मानसिक परिपक्वता का संकेत हैं। एक मानसिक रूप से सशक्त व्यक्ति असफलताओं को भी अवसर में बदल सकता है।

3. **भावनात्मक विकास:**

   जीवन में सहानुभूति, प्रेम, करुणा और भावनाओं का नियंत्रण अत्यंत आवश्यक है। भावनात्मक परिपक्वता व्यक्ति को सामाजिक संबंधों में संतुलित रखती है।

4. **आध्यात्मिक विकास:**

   आत्मचिंतन, ध्यान, प्रार्थना और जीवन के उद्देश्य का बोध व्यक्ति को आंतरिक शांति और आत्मबल प्रदान करता है। आध्यात्मिकता व्यक्ति के व्यक्तित्व में गहराई लाती है।

5. **सामाजिक विकास:**

   समाज के प्रति दायित्वबोध, सहयोग, संचार-कौशल, नेतृत्व और सेवा की भावना सामाजिक व्यक्तित्व का निर्माण करते हैं।

शिक्षा और चरित्र निर्माण

शिक्षा का उद्देश्य केवल रोजगार प्राप्त करना नहीं, बल्कि चरित्रवान, उत्तरदायी और संवेदनशील नागरिक तैयार करना है।

- विद्यालयों में नैतिक शिक्षा और मूल्याधारित शिक्षण आवश्यक है।
- शिक्षक केवल ज्ञानदाता नहीं, बल्कि मार्गदर्शक और प्रेरणास्रोत भी होते हैं।

- माता-पिता बच्चों में अनुशासन, आदर और सहानुभूति के संस्कार स्थापित करने में प्रथम भूमिका निभाते हैं।
- समाज और मीडिया की भी जिम्मेदारी है कि वे युवाओं के सामने सकारात्मक आदर्श प्रस्तुत करें।

महात्मा गांधी ने कहा था—

"चरित्र ही सच्ची शिक्षा का मापदंड है। ज्ञान तो साधन है, उद्देश्य नहीं।"

चरित्र निर्माण एवं व्यक्तित्व विकास के साधन

1. **आत्मानुशासन:**

   समयपालन, संयम और नियमितता व्यक्ति को जीवन में अनुशासन और संतुलन सिखाते हैं।

2. **सकारात्मक चिंतन:**

   हर स्थिति में सकारात्मक दृष्टिकोण व्यक्ति को आत्मविश्वास देता है और सफलता की ओर प्रेरित करता है।

3. **साहित्य और संस्कृति:**

   प्रेरणादायी साहित्य, लोककथाएँ और संस्कृति व्यक्ति में मूल्यबोध और गौरव की भावना विकसित करते हैं।

4. **आदर्श व्यक्तित्व का अनुकरण:**

   महापुरुषों जैसे गांधी, विवेकानन्द और अब्दुल कलाम के जीवन से प्रेरणा लेकर व्यक्ति अपने आचरण को श्रेष्ठ बना सकता है।

5. **सामाजिक सेवा:**

   समाजसेवा, सहयोग और जनहित के कार्य व्यक्ति में करुणा, जिम्मेदारी और नेतृत्व के गुण विकसित करते हैं।

आधुनिक युग की चुनौतियाँ

आज के डिजिटल और प्रतिस्पर्धात्मक युग में चरित्र निर्माण के समक्ष कई चुनौतियाँ हैं—

- **भौतिकवाद और उपभोक्तावाद** ने नैतिक मूल्यों को कमजोर किया है।
- **सोशल मीडिया का प्रभाव** युवाओं में बाहरी व्यक्तित्व पर अधिक ध्यान केंद्रित कर रहा है।
- **शिक्षा का व्यावसायीकरण** नैतिक मूल्यों से दूरी बढ़ा रहा है।
- **परिवार और समाज में संवाद की कमी** बच्चों में मूल्य शिक्षा को बाधित कर रही है।

इन चुनौतियों का समाधान केवल शिक्षा और संस्कारों के पुनर्संयोजन से ही संभव है।

विश्लेषण

चरित्र निर्माण और व्यक्तित्व विकास एक-दूसरे के पूरक हैं। बिना सुदृढ़ चरित्र के व्यक्तित्व केवल दिखावटी और अस्थायी बन जाता है, जबकि बिना विकसित व्यक्तित्व के चरित्र समाज में प्रभावी नहीं हो पाता। इसलिए शिक्षा, परिवार और समाज को मिलकर इन दोनों पहलुओं का समन्वय करना चाहिए।

आधुनिक शिक्षा प्रणाली में **"Value-Based Education"** (मूल्याधारित शिक्षा) को प्रमुख स्थान देना आवश्यक है, ताकि छात्र केवल ज्ञानवान नहीं, बल्कि चरित्रवान भी बनें।

निष्कर्ष

चरित्र निर्माण व्यक्ति के नैतिक और मानसिक विकास का आधार है, जबकि व्यक्तित्व विकास उसके सामाजिक और व्यावहारिक जीवन का विस्तार। शिक्षा, परिवार, समाज और मीडिया—सभी की यह सामूहिक जिम्मेदारी है कि नई पीढ़ी को ऐसा वातावरण मिले जिसमें ज्ञान के साथ संस्कार, बुद्धि के साथ विवेक और सफलता के साथ संवेदना का भी विकास हो।

"चरित्रवान व्यक्ति ही समाज का दीपस्तंभ होता है, जिसकी रोशनी से सभ्यता और संस्कृति का मार्ग प्रकाशित होता है।"

संदर्भ

1. विवेकानन्द, स्वामी. *संपूर्ण विवेकानन्द वाङ्मय।*
2. गांधी, एम.के. *हिंद स्वराज।*
3. शर्मा, रामविलास (2005). *भारतीय संस्कृति और मूल्य शिक्षा।*
4. सिंह, रमेश (2012). *शिक्षा और व्यक्तित्व विकास।*
5. जोशी, हरीश (2018). *नैतिक शिक्षा और युवा पीढ़ी।*
6. श्रीवास्तव, कविता (2020). *चरित्र निर्माण में शिक्षा की भूमिका।*
7. पांडेय, शशांक (2019). *आधुनिक समाज और नैतिक मूल्य।*
8. त्रिपाठी, अमर (2021). *भारतीय शिक्षा प्रणाली में मूल्य शिक्षा का महत्व।*
9. कलाम, ए.पी.जे. अब्दुल. *Ignited Minds.*
10. नेहरू, जवाहरलाल. *Letters from a Father to His Daughter.*

चरित्र निर्माण एवं व्यक्तित्व का समग्र विकास: शिक्षा, समाज और समकालीन भारतीय संदर्भों का गहन सैद्धांतिक अध्ययन

डॉ. दिनेश कुमार ढाकरिया
श्री विजय सिंह सिरसाम
शासकीय महाविद्यालय तामिया, जिला छिंदवाड़ा (म.प्र.)

सारांश

आधुनिक वैश्विक समाज तीव्र सामाजिक, सांस्कृतिक और तकनीकी परिवर्तन के दौर से गुजर रहा है। सूचना-प्रौद्योगिकी के विस्तार, बाज़ारवादी प्रवृत्तियों, प्रतिस्पर्धात्मक जीवनशैली और व्यक्तिवादी सोच ने शिक्षा के पारंपरिक उद्देश्यों को पुनर्परिभाषित कर दिया है। वर्तमान समय में शिक्षा का लक्ष्य केवल ज्ञानार्जन या रोजगार प्राप्ति तक सीमित नहीं रह सकता; उसे व्यक्ति के नैतिक, भावनात्मक, सामाजिक तथा आध्यात्मिक विकास को भी समान महत्व देना होगा। प्रस्तुत शोध-पत्र में चरित्र निर्माण एवं व्यक्तित्व के समग्र विकास की अवधारणा का समाजशास्त्रीय और दार्शनिक विश्लेषण किया गया है।

यह अध्ययन सैद्धांतिक (Theoretical) एवं गुणात्मक पद्धति पर आधारित है। इसमें भारतीय एवं पाश्चात्य चिंतन, शिक्षा-दर्शन, समाजीकरण सिद्धांत, राष्ट्रीय शिक्षा नीति (2020) तथा समकालीन सामाजिक संदर्भों का विश्लेषण किया गया है। अध्ययन का उद्देश्य यह स्पष्ट करना है कि चरित्र निर्माण

बहुस्तरीय प्रक्रिया है, जो परिवार, शिक्षा संस्थान, समाज, साहित्य, तकनीक और आर्थिक संरचना के संयुक्त प्रभाव से विकसित होती है।

निष्कर्षतः समग्र व्यक्तित्व विकास के बिना शिक्षा अधूरी है, और मूल्य-आधारित दृष्टिकोण के अभाव में ज्ञान समाज को नैतिक दिशा प्रदान नहीं कर सकता।

मुख्य शब्द: चरित्र निर्माण, समग्र व्यक्तित्व विकास, समाजीकरण, नैतिकता, शिक्षा समाजशास्त्र

1. प्रस्तावना

मानव समाज के इतिहास में शिक्षा को सदैव सभ्यता के संवाहक के रूप में देखा गया है। शिक्षा न केवल ज्ञान का संचार करती है, बल्कि समाज के मूल्यों, परंपराओं और सांस्कृतिक आदर्शों को एक पीढ़ी से दूसरी पीढ़ी तक पहुँचाने का कार्य भी करती है। इस संदर्भ में चरित्र निर्माण और व्यक्तित्व विकास शिक्षा के दो केंद्रीय आयाम रहे हैं।

प्राचीन भारतीय शिक्षा व्यवस्था में गुरुकुल प्रणाली के अंतर्गत विद्यार्थियों को केवल शास्त्रीय ज्ञान ही नहीं, बल्कि अनुशासन, संयम, सेवा और आत्मसंयम का प्रशिक्षण भी दिया जाता था। शिक्षा का उद्देश्य 'संपूर्ण मनुष्य' का निर्माण था।

समकालीन परिप्रेक्ष्य में शिक्षा का स्वरूप अत्यधिक व्यावसायिक और परीक्षा-केंद्रित हो गया है। प्रतिस्पर्धा, कैरियर उन्मुखता और बाज़ार की मांगों ने शिक्षा के नैतिक पक्ष को अपेक्षाकृत कमजोर किया है। परिणामस्वरूप समाज में भ्रष्टाचार, असहिष्णुता, हिंसा और नैतिक संकट जैसी समस्याएँ बढ़ी हैं।

ऐसी परिस्थिति में यह प्रश्न उठता है कि क्या हमारी शिक्षा प्रणाली वास्तव में चरित्रवान और उत्तरदायी नागरिक तैयार कर रही है? यही प्रश्न इस शोध का मूल आधार है।

2. चरित्र निर्माण: अवधारणा, स्वरूप और दार्शनिक आधार

2.1 चरित्र की संकल्पना

'चरित्र' शब्द का अर्थ है – व्यक्ति के आचरण का वह स्थायी स्वरूप जो उसके नैतिक मूल्यों को व्यक्त करता है। चरित्र व्यक्ति की अंतःप्रेरणा, विचारधारा और व्यवहारिक प्रवृत्तियों का सम्मिलित रूप है।

चरित्र केवल बाह्य आचरण नहीं, बल्कि आंतरिक नैतिक संरचना है। यह व्यक्ति के निर्णयों, संबंधों और सामाजिक भूमिकाओं को प्रभावित करता है।

2.2 पाश्चात्य दृष्टिकोण

अरस्तु ने 'सद्गुण नैतिकता' का सिद्धांत प्रतिपादित करते हुए कहा कि चरित्र अभ्यास और अनुशासन से विकसित होता है। सद्गुणों का निरंतर अभ्यास व्यक्ति के व्यक्तित्व को स्थिर और संतुलित बनाता है।

कॉल्बर्ग के नैतिक विकास सिद्धांत के अनुसार व्यक्ति की नैतिक चेतना क्रमिक चरणों में विकसित होती है। प्रारंभिक स्तर पर व्यक्ति दंड और पुरस्कार के आधार पर निर्णय लेता है, जबकि उच्च स्तर पर वह सार्वभौमिक नैतिक सिद्धांतों के आधार पर निर्णय लेने लगता है।

2.3 भारतीय दार्शनिक दृष्टिकोण

भारतीय चिंतन में चरित्र निर्माण को आत्मसंयम और धर्मपालन से जोड़ा गया है। भगवद्गीता में श्रीकृष्ण ने 'स्वधर्म' के पालन को चरित्र का आधार बताया है।

स्वामी विवेकानंद ने शिक्षा को "ऐसे मनुष्य का निर्माण" कहा जिसमें आत्मविश्वास, नैतिक साहस और सेवा की भावना हो। महात्मा गांधी ने स्पष्ट कहा कि चरित्रहीन शिक्षा समाज के लिए विनाशकारी है।

इस प्रकार चरित्र निर्माण भारतीय चिंतन में आध्यात्मिक और नैतिक उन्नति से जुड़ा हुआ है।

3. व्यक्तित्व का समग्र विकास: एक बहुआयामी अवधारणा

व्यक्तित्व विकास का अर्थ केवल बाह्य व्यक्तित्व या संप्रेषण कौशल नहीं है। यह व्यक्ति के समग्र अस्तित्व का विकास है।

3.1 शारीरिक आयाम

स्वास्थ्य, अनुशासन और शारीरिक सुदृढ़ता व्यक्तित्व का आधार हैं। खेलकूद और योग जैसी गतिविधियाँ आत्मसंयम और धैर्य विकसित करती हैं।

3.2 बौद्धिक आयाम

ज्ञानार्जन, तार्किक चिंतन और रचनात्मकता बौद्धिक विकास के संकेतक हैं।

3.3 भावनात्मक आयाम

भावनात्मक परिपक्वता व्यक्ति को तनाव और संघर्ष की स्थितियों में संतुलित रखती है।

3.4 सामाजिक आयाम

सामाजिक कौशल, नेतृत्व क्षमता और सहयोग की भावना व्यक्तित्व को प्रभावी बनाते हैं।

3.5 आध्यात्मिक आयाम

आध्यात्मिक चेतना व्यक्ति को जीवन का उद्देश्य प्रदान करती है और नैतिक दिशा देती है। समग्र व्यक्तित्व विकास इन सभी आयामों के संतुलित समन्वय से संभव है।

4. समाजीकरण और चरित्र निर्माण

समाजीकरण वह प्रक्रिया है जिसके माध्यम से व्यक्ति समाज के मूल्य, मानदंड और आचरण सीखता है।

4.1 परिवार की भूमिका

परिवार प्राथमिक समाजीकरण की इकाई है। बच्चों में सत्य, अनुशासन और सहानुभूति जैसे मूल्य परिवार से ही विकसित होते हैं।

4.2 विद्यालय की भूमिका

विद्यालय द्वितीयक समाजीकरण का केंद्र है। शिक्षक और सहपाठी मिलकर व्यक्ति की आत्म-छवि का निर्माण करते हैं।

4.3 मीडिया और समकालीन प्रभाव

डिजिटल मीडिया आज समाजीकरण का शक्तिशाली माध्यम बन गया है। यह सकारात्मक भी हो सकता है और नकारात्मक भी।

5. शिक्षा और मूल्य: एक समाजशास्त्रीय विश्लेषण

शिक्षा केवल ज्ञान हस्तांतरण की प्रक्रिया नहीं है; यह सामाजिक पुनरुत्पादन और सामाजिक परिवर्तन दोनों का माध्यम है। संरचनात्मक-कार्यात्मक दृष्टिकोण के अनुसार शिक्षा सामाजिक एकता बनाए रखने का कार्य करती है। संघर्षवादी दृष्टिकोण शिक्षा में विद्यमान असमानताओं की ओर संकेत करता है।

इन दोनों दृष्टिकोणों के संतुलन से ही मूल्य-आधारित शिक्षा की दिशा निर्धारित की जा सकती है।

6. समकालीन चुनौतियाँ

1. उपभोक्तावाद
2. डिजिटल व्यसन
3. प्रतिस्पर्धात्मक तनाव
4. पारिवारिक विघटन
5. नैतिक सापेक्षवाद

इन परिस्थितियों में चरित्र निर्माण की आवश्यकता और अधिक बढ़ जाती है।

7. विस्तृत साहित्य समीक्षा

चरित्र निर्माण एवं व्यक्तित्व के समग्र विकास पर विचार करते समय यह आवश्यक है कि हम प्राचीन, आधुनिक और समकालीन विमर्शों का तुलनात्मक अध्ययन करें। यह विषय दार्शनिक, मनोवैज्ञानिक और समाजशास्त्रीय सभी आयामों से जुड़ा हुआ है।

7.1 दार्शनिक परिप्रेक्ष्य

प्लेटो ने 'रिपब्लिक' में आदर्श राज्य के निर्माण के लिए नैतिक नागरिकों की आवश्यकता पर बल दिया। उनके अनुसार शिक्षा का उद्देश्य आत्मा के तीनों अंगों—बुद्धि, साहस और इच्छाओं—का संतुलन स्थापित करना है।

अरस्तु ने सद्गुणों को दो भागों में विभाजित किया—बौद्धिक सद्गुण और नैतिक सद्गुण। उनका मानना था कि नैतिक सद्गुण अभ्यास और अनुशासन से विकसित होते हैं। भारतीय परंपरा में उपनिषदों और गीता ने आत्मसंयम, सत्य और कर्तव्यपालन को आदर्श चरित्र का आधार माना।

7.2 समाजशास्त्रीय दृष्टिकोण

एमिल दुर्खीम ने शिक्षा को समाज की नैतिक पुनरुत्पत्ति का साधन माना। उनके अनुसार विद्यालय सामाजिक एकता का निर्माण करते हैं।

टाल्कॉट पार्सन्स ने शिक्षा को भूमिका आवंटन और सामाजिक एकीकरण का माध्यम बताया।

संघर्षवादी विचारधारा के अनुसार शिक्षा कभी-कभी प्रभुत्वशाली वर्ग के मूल्यों को बढ़ावा देती है। अतः चरित्र निर्माण की प्रक्रिया को आलोचनात्मक दृष्टि से देखना आवश्यक है ताकि शिक्षा केवल आज्ञाकारिता न सिखाए, बल्कि न्याय और समानता के मूल्य भी विकसित करे।

7.3 मनोवैज्ञानिक परिप्रेक्ष्य

कॉल्बर्ग के नैतिक विकास सिद्धांत में व्यक्ति के नैतिक निर्णय क्रमिक स्तरों पर विकसित होते हैं। डैनियल गोलमैन ने भावनात्मक बुद्धिमत्ता को सफलता का

महत्वपूर्ण कारक बताया। ये सभी सिद्धांत संकेत देते हैं कि व्यक्तित्व विकास बहुआयामी प्रक्रिया है।

8. राष्ट्रीय शिक्षा नीति 2020 और समग्र विकास

राष्ट्रीय शिक्षा नीति 2020 में स्पष्ट रूप से “Holistic and Multidisciplinary Education” पर बल दिया गया है।

इस नीति में निम्न बिंदुओं को विशेष महत्व दिया गया है:

- जीवन कौशल विकास
- नैतिक और संवैधानिक मूल्य
- कला एवं खेल का समावेश
- आलोचनात्मक चिंतन
- अनुभवात्मक शिक्षा

NEP 2020 इस बात को स्वीकार करती है कि शिक्षा का उद्देश्य केवल ज्ञान या रोजगार नहीं, बल्कि एक सक्षम और उत्तरदायी नागरिक का निर्माण है।

9. भारतीय सामाजिक संदर्भ में प्रासंगिकता

भारत एक विविधतापूर्ण समाज है, जहाँ भाषा, संस्कृति, धर्म और सामाजिक संरचना में विविधता पाई जाती है।

9.1 ग्रामीण संदर्भ

ग्रामीण क्षेत्रों में शिक्षा सामाजिक परिवर्तन का माध्यम बन सकती है।

9.2 जनजातीय संदर्भ

जनजातीय समुदायों में सामूहिकता और परंपरागत मूल्यों का विशेष महत्व है। शिक्षा को इन मूल्यों के संरक्षण के साथ आधुनिकता का समन्वय करना चाहिए।

9.3 युवा और नैतिकता

भारत की युवा आबादी विश्व में सबसे बड़ी है। यदि युवाओं में नैतिकता और सामाजिक उत्तरदायित्व का विकास नहीं हुआ, तो जनसांख्यिकीय लाभांश का लाभ नहीं मिल सकेगा।

10. समकालीन चुनौतियों का आलोचनात्मक विश्लेषण

10.1 उपभोक्तावाद

बाज़ारवादी संस्कृति ने सफलता को भौतिक उपलब्धियों से जोड़ दिया है।

10.2 डिजिटल संस्कृति

सोशल मीडिया और डिजिटल प्लेटफॉर्म ने सामाजिक संबंधों को परिवर्तित कर दिया है।

10.3 प्रतिस्पर्धात्मक दबाव

अत्यधिक प्रतिस्पर्धा मानसिक तनाव और अवसाद को बढ़ा रही है। इन परिस्थितियों में चरित्र निर्माण की प्रक्रिया को पुनः परिभाषित करने की आवश्यकता है।

11. प्रस्तावित समन्वित वैचारिक मॉडल

चरित्र निर्माण और व्यक्तित्व विकास को निम्न स्तरों पर समझा जा सकता है:

- **आधार स्तर:-** मूल्य प्रणाली (सत्य, अनुशासन, सहानुभूति)
- **मध्य स्तर:-** संस्थागत संरचना (परिवार, विद्यालय, समुदाय)
- **विकास स्तर:-** शारीरिक, बौद्धिक, भावनात्मक, सामाजिक और आध्यात्मिक आयाम
- **परिणाम स्तर:-** नैतिक नागरिकता और सामाजिक समरसता

12. व्यापक चर्चा

चरित्र निर्माण की प्रक्रिया को केवल व्यक्तिगत नैतिकता तक सीमित नहीं किया जा सकता। यह सामाजिक संरचना, आर्थिक संसाधनों और सांस्कृतिक वातावरण से प्रभावित होती है।

यदि शिक्षा में नैतिक मूल्यों का समावेश हो, तो समाज में भ्रष्टाचार और हिंसा जैसी समस्याओं को कम किया जा सकता है।

13. निष्कर्ष

चरित्र निर्माण और व्यक्तित्व का समग्र विकास शिक्षा का मूल उद्देश्य होना चाहिए। समग्र विकास के बिना केवल ज्ञान-आधारित शिक्षा अधूरी है। परिवार, समाज और शिक्षा संस्थानों के संयुक्त प्रयास से ही एक संतुलित और उत्तरदायी नागरिक का निर्माण संभव है।

14. सुझाव

1. मूल्य आधारित पाठ्यक्रम विकसित किए जाएँ।
2. शिक्षक प्रशिक्षण में नैतिक शिक्षा को शामिल किया जाए।
3. डिजिटल नैतिकता पर विशेष कार्यक्रम चलाए जाएँ।
4. सामुदायिक सेवा को शिक्षा से जोड़ा जाए।

संदर्भ

1. Allport, G. W. (1961). *Pattern and Growth in Personality.*
2. Aristotle. *Nicomachean Ethics.*
3. Durkheim, E. (1956). *Education and Sociology.*
4. Gandhi, M. K. (1937). *Basic Education.*
5. Government of India. (2020). *National Education Policy 2020.*

6. Kohlberg, L. (1981). *The Philosophy of Moral Development.*
7. NCERT. (2005). *National Curriculum Framework.*
8. Parsons, T. (1959). *The School Class as a Social System.*
9. Vivekananda, S. (1893). *Lectures from Colombo to Almora.*

लोकगीतों में चरित्र निर्माण और व्यक्तित्व विकास: एक विश्लेषणात्मक अध्ययन

निरंजन सिंह राजपूत
शासकीय महाविद्यालय, तामिया (म. प्र.)
niranjansinghrajput99@gmail.com

सारांश

भारतीय लोकसंस्कृति का एक अभिन्न अंग, लोकगीत, न केवल मनोरंजन का साधन है, बल्कि सामाजिक, नैतिक, और आध्यात्मिक मूल्यों के संवाहक भी है। ये गीत समाज के सांस्कृतिक ताने-बाने को मजबूती प्रदान करते है और व्यक्ति के चरित्र निर्माण, सामाजिक उत्तरदायित्व, और व्यक्तित्व के समग्र विकास में महत्वपूर्ण भूमिका निभाते है। लोकगीतों में निहित शिक्षाएँ व्यक्ति को नैतिकता, आत्मानुशासन, और सामाजिक सहयोग की भावना सिखाती है, जो आधुनिक युग की चुनौतियों के संदर्भ में विशेष रूप से प्रासंगिक है। यह शोध-पत्र लोकगीतों के माध्यम से व्यक्तित्व के मानसिक, सामाजिक, और आध्यात्मिक आयामों पर पड़ने वाले प्रभाव का विश्लेषण करता है। तामिया क्षेत्र (मध्य प्रदेश) के ग्रामीण समुदायों पर आधारित मौखिक सर्वेक्षण और लोकसाहित्य के विश्लेषण के माध्यम से यह स्थापित किया गया कि लोकगीत न केवल सांस्कृतिक धरोहर के संरक्षक है, बल्कि व्यक्तित्व विकास के लिए प्रभावी शैक्षिक उपकरण भी है। यह अध्ययन विशेष रूप से मध्य भारत के आदिवासी और ग्रामीण समुदायों के लोकगीतों पर केंद्रित है, जहाँ ये गीत सामाजिक मूल्यों को जीवंत बनाए रखने में महत्वपूर्ण भूमिका निभाते है। निष्कर्षतः, यह शोध दर्शाता है कि लोकगीत आधुनिक

शिक्षा प्रणाली में नैतिक और व्यक्तित्व विकास के लिए एक शक्तिशाली साधन के रूप में उपयोग किए जा सकते है।

मुख्य शब्द: लोकगीत, चरित्र निर्माण, व्यक्तित्व विकास, नैतिक मूल्य, लोकसंस्कृति, सामाजिक समरसता, आध्यात्मिक विकास

1. परिचय

भारतीय संस्कृति की विविधता और समृद्धि का आधार उसका लोकजीवन है, जिसमें लोकगीत एक केंद्रीय स्थान रखते है। ये गीत न केवल कला और साहित्य का हिस्सा है, बल्कि समाज के नैतिक और सांस्कृतिक मूल्यों का जीवंत दस्तावेज भी है। लोकगीतों का स्वरूप मौखिक परंपरा पर आधारित है, जो पीढ़ी-दर-पीढ़ी संचरित होता रहा है। ये गीत ग्रामीण जीवन के हर पहलू—जन्म, विवाह, खेती, ऋतु परिवर्तन, युद्ध, त्यौहार, और धार्मिक अनुष्ठानों—से गहराई से जुड़े है। इनमें समाज की संवेदनाएँ, विश्वास, और जीवन-दर्शन प्रतिबिंबित होते हैं, जो व्यक्ति को आत्मानुशासन, साहस, करुणा, सहिष्णुता, और सामूहिकता जैसे गुणों से परिचित कराते है।

आधुनिक युग में वैश्वीकरण, शहरीकरण, और तकनीकी प्रगति ने व्यक्ति को उसके सांस्कृतिक और नैतिक मूलों से दूर कर दिया है। तेजी से बदलते सामाजिक परिवेश में नैतिकता और व्यक्तिगत मूल्यों का ह्रास देखा जा रहा है। ऐसी स्थिति में लोकगीतों की प्रासंगिकता और भी बढ़ जाती है, क्योंकि ये गीत व्यक्ति को आत्मबोध, संयम, और सकारात्मक जीवन दृष्टिकोण प्रदान करते है। उदाहरण के लिए, मध्य प्रदेश के तामिया और पातालकोट क्षेत्र में गाए जाने वाले गोंडी और भिलाला लोकगीत न केवल स्थानीय परंपराओं को जीवित रखते है, बल्कि सामुदायिक एकता और नैतिकता को भी बढ़ावा देते हैं। ये गीत सामाजिक समरसता और व्यक्तिगत विकास के लिए प्रेरणा का स्रोत है।

यह शोध-पत्र इस प्रश्न की पड़ताल करता है कि लोकगीत किस प्रकार चरित्र निर्माण और व्यक्तित्व विकास के सशक्त साधन के रूप में कार्य करते है। इसके लिए तामिया क्षेत्र के लोकगीतों का विश्लेषण किया गया है, जो आदिवासी और

ग्रामीण समुदायों की सांस्कृतिक पहचान का अभिन्न हिस्सा है। यह अध्ययन यह भी दर्शाता है कि लोकगीतों का प्रभाव केवल ग्रामीण क्षेत्रों तक सीमित नहीं है, बल्कि शहरी और वैश्विक संदर्भों में भी इन्हें अपनाया जा सकता है।

2. साहित्य समीक्षा

लोकगीतों पर किए गए शोधों ने उनकी शैक्षिक, नैतिक, और सामाजिक भूमिका को बार-बार रेखांकित किया है। यादव (2018) ने अपनी पुस्तक भारतीय लोकगीत और संस्कृति में लोकगीतों को "सांस्कृतिक विरासत और नैतिक शिक्षा का प्रभावी साधन" माना है। उनका तर्क है कि लोकगीत समाज के नैतिक मानदंडों को सहज और अवचेतन रूप से व्यक्तियों में स्थापित करते है। उदाहरण के लिए, उत्तर भारत में प्रचलित सोहर गीत मातृत्व और पारिवारिक स्नेह को बढ़ावा देते हैं, जो बच्चों में भावनात्मक स्थिरता विकसित करते है।

शर्मा (2020) ने हिंदी लोकसाहित्य: अध्ययन और विश्लेषण में तर्क दिया कि लोकगीतों में उल्लिखित आदर्श चरित्र—जैसे सत्य, सेवा, न्याय, और त्याग—व्यक्तित्व की नैतिक संरचना को मजबूत करते हैं। उन्होंने मध्य भारत के आल्हा गीतों का उदाहरण दिया, जो साहस और वीरता की कहानियाँ प्रस्तुत करते हैं और युवाओं में नेतृत्व और नैतिक दृढ़ता को प्रेरित करते है।

वर्मा (2019) ने अपने अध्ययन Folk Songs and Personality Development in India में यह स्थापित किया कि लोकगीतों का नियमित अनुभव बच्चों और युवाओं में सहानुभूति, अनुशासन, और सामाजिक सहयोग जैसे गुणों को विकसित करता है। उन्होंने विशेष रूप से बिहार और उत्तर प्रदेश के लोकगीतों का विश्लेषण किया, जो सामुदायिक आयोजनों में गाए जाते हैं और सामाजिक एकता को बढ़ावा देते है।

त्रिपाठी (2021) ने भक्ति लोकगीतों पर केंद्रित अपने शोध में यह निष्कर्ष निकाला कि ये गीत व्यक्ति में आत्मनियंत्रण, मानसिक एकाग्रता, और आंतरिक संतुलन को प्रोत्साहित करते है। उदाहरण के लिए, मीराबाई और

कबीर के भक्ति गीत आज भी लोगों को आत्मचिंतन और आध्यात्मिक शांति की ओर प्रेरित करते है।

इन अध्ययनों से यह स्पष्ट होता है कि लोकगीत केवल मनोरंजन के साधन नहीं है, बल्कि समाज की नैतिक और सांस्कृतिक चेतना के जीवंत प्रतीक है। ये गीत व्यक्ति के व्यक्तित्व को बहुआयामी रूप से प्रभावित करते है, जिसमें मानसिक स्थिरता, सामाजिक सहयोग, और आध्यात्मिक विकास शामिल है।

इसके अतिरिक्त, कुछ विद्वानों ने लोकगीतों के मनोवैज्ञानिक प्रभावों पर भी प्रकाश डाला है। मिश्रा (2022) ने अपने शोध में यह तर्क दिया कि लोकगीतों की लय और संगीतात्मक संरचना व्यक्ति के तनाव को कम करने और मानसिक स्वास्थ्य को बेहतर बनाने में सहायक होती है। यह विशेष रूप से ग्रामीण समुदायों में देखा गया, जहाँ सामूहिक गायन तनावमुक्ति का एक प्रभावी साधन है।

3. लोकगीतों का सामाजिक और सांस्कृतिक महत्व

लोकगीत समाज की सामूहिक चेतना और सांस्कृतिक पहचान के प्रतीक है। इनका महत्व केवल कला और साहित्य तक सीमित नहीं है, बल्कि ये सामाजिक अनुशासन, सांस्कृतिक एकता, और नैतिक शिक्षा के साधन भी हैं।

3.1 जीवन-मूल्य और नैतिक शिक्षा

लोकगीतों के विषयवस्तु में जीवन के विभिन्न पहलू—परिवार, प्रेम, श्रम, संघर्ष, प्रकृति, और धर्म—प्रतिबिंबित होते है। ये गीत नैतिक संदेशों के माध्यम से व्यक्ति को संयम, श्रमशीलता, ईमानदारी, और पारस्परिक सम्मान की प्रेरणा देते है। उदाहरण के लिए, मध्य प्रदेश के पातालकोट क्षेत्र में गोंडी समुदाय द्वारा गाए जाने वाले सोहर गीत जन्म के अवसर पर मातृत्व और पारिवारिक स्नेह को महिमामंडित करते है। ये गीत नवजात शिशु के स्वागत के साथ-साथ माता-पिता में उत्तरदायित्व और प्रेम की भावना को प्रबल करते है।

इसी प्रकार, कजरी गीत, जो सावन के महीने में गाए जाते हैं, प्रकृति के प्रति सम्मान और धैर्य की शिक्षा देते है। इन गीतों में वर्षा और हरियाली के प्रति कृतज्ञता व्यक्त की जाती है, जो व्यक्ति में प्रकृति के प्रति संवेदनशीलता और आशावादी दृष्टिकोण को बढ़ावा देता है। बिरहा और आल्हा जैसे गीत वीरता, संघर्ष, और नैतिक दृढ़ता को प्रोत्साहित करते है। आल्हा गीतों में आल्हा और ऊदल जैसे नायकों की कहानियाँ व्यक्तियों में साहस और नेतृत्व के गुण विकसित करती है।

निम्नलिखित तालिका में विभिन्न लोकगीतों और उनके द्वारा प्रचारित मूल्यों का उल्लेख किया गया है:

लोकगीत का प्रकार	प्रमुख जीवन मूल्य	व्यक्तित्व में योगदान
सोहर	मातृत्व, पारिवारिक स्नेह	भावनात्मक स्थिरता, पारिवारिक समरसता
कजरी	धैर्य, प्रकृति-सम्मान	सहनशीलता, आशावादी दृष्टिकोण
बिरहा	संघर्ष, वीरता, धैर्य	आत्मबल, लचीलापन
आल्हा	साहस, न्यायप्रियता	नेतृत्व क्षमता, सामाजिक उत्तरदायित्व
भजन/कीर्तन	करुणा, आत्मसंयम	मानसिक अनुशासन, आध्यात्मिक शांति

3.2 सामाजिक समरसता और सामूहिक चेतना

लोकगीतों की सबसे बड़ी विशेषता उनका सामूहिक स्वरूप है। ये गीत प्रायः सामुदायिक आयोजनों—जैसे विवाह, होली, दीपावली, या फसल कटाई—के अवसर पर सामूहिक रूप से गाए जाते है। यह सामूहिकता व्यक्ति में सहयोग, समानता, और सामाजिक एकता की भावना को जागृत करती है। उदाहरण के लिए, तामिया क्षेत्र में गोंडी समुदाय द्वारा गाए जाने वाले कर्मा नृत्य गीत

सामुदायिक एकता और सामूहिक कार्य की भावना को प्रोत्साहित करते हैं। इन गीतों में नृत्य और संगीत के माध्यम से सामाजिक बंधन मजबूत होते है।

3.3 आध्यात्मिक एवं आंतरिक विकास

भक्ति लोकगीत, जैसे कबीर, मीराबाई, और सूरदास के भजन, व्यक्ति को आत्मचिंतन और आध्यात्मिक जागरूकता की ओर प्रेरित करते हैं। इन गीतों की लय और संदेश मन को एकाग्र करते है, जिससे व्यक्ति में आंतरिक शांति और आत्मसंयम का विकास होता है। तामिया क्षेत्र में गाए जाने वाले रामदेव भजन और गोंडी भक्ति गीत स्थानीय समुदायों में आध्यात्मिक अनुशासन को बढ़ावा देते है।

3.4 पीढ़ी-दर-पीढ़ी संस्कार-संचार

लोकगीत मौखिक परंपरा के माध्यम से एक पीढ़ी से दूसरी पीढ़ी तक जीवन-मूल्यों का हस्तांतरण करते है। यह प्रक्रिया सांस्कृतिक निरंतरता को बनाए रखती है और समाज की पहचान को अक्षुण्ण रखती है। उदाहरण के लिए, पातालकोट क्षेत्र में बुजुर्ग महिलाएँ बच्चों को सोहर और लोरी गीतों के माध्यम से नैतिक कहानियाँ सुनाती है, जो बच्चों में सांस्कृतिक और नैतिक मूल्यों का बीजारोपण करती है।

4. लोकगीत और व्यक्तित्व विकास के आयाम

लोकगीत व्यक्तित्व विकास के तीन प्रमुख आयामों—मानसिक, सामाजिक, और आध्यात्मिक—पर गहरा प्रभाव डालते है।

आयाम	लोकगीत की भूमिका	व्यक्तित्व पर प्रभाव
मानसिक	भावनाओं की अभिव्यक्ति, लयात्मक अनुभव	रचनात्मकता, स्मृति-वृद्धि, तनाव-नियंत्रण

| सामाजिक | सामूहिक सहभागिता, परंपरा-संवर्धन | सहयोग, सहिष्णुता, सामाजिक उत्तरदायित्व |

| आध्यात्मिक | भक्ति, आत्मचिंतन | आत्मसंयम, नैतिक दृढ़ता, आत्मशांति |

4.1 मानसिक विकास और सकारात्मक सोच

लोकगीतों की लय और संगीतात्मक संरचना व्यक्ति के मानसिक स्वास्थ्य को बेहतर बनाती है। आल्हा जैसे वीरगीत नायकत्व और साहस की कहानियाँ प्रस्तुत करते है, जो व्यक्ति में आत्मविश्वास और चुनौतियों का सामना करने की प्रेरणा जागृत करते है। उदाहरण के लिए, तामिया क्षेत्र में आल्हा गीतों का गायन युवाओं में नेतृत्व और आत्मबल को प्रोत्साहित करता है।

4.2 सामाजिक व्यवहार और सहयोग

विवाह और त्योहारों के अवसर पर गाए जाने वाले सामूहिक गीत, जैसे सुहाग और कजरी, व्यक्ति में सामाजिक सहयोग और पारस्परिक सम्मान की भावना को प्रबल करते है। ये गीत सामुदायिक आयोजनों में सामूहिक भागीदारी को बढ़ावा देते है, जिससे व्यक्ति में सामाजिक उत्तरदायित्व का विकास होता है।

4.3 आध्यात्मिक अनुशासन और आत्मसंयम

भक्ति गीत, जैसे रामदेव भजन और कबीर के दोहे, व्यक्ति को आत्मचिंतन और आध्यात्मिक जागरूकता की ओर ले जाते है। इन गीतों का नियमित अभ्यास मन को एकाग्र करता है और व्यक्ति में आत्मसंयम और शांति का विकास करता है।

4.4 रचनात्मकता और भावनात्मक अभिव्यक्ति

लोकगीतों की काव्यात्मक शैली और संगीतात्मक लय व्यक्ति की रचनात्मकता को बढ़ाती है। उदाहरण के लिए, तामिया क्षेत्र में गाए जाने वाले गोंडी नृत्य गीत न केवल सामुदायिक एकता को बढ़ाते है, बल्कि व्यक्तियों में भावनात्मक अभिव्यक्ति और रचनात्मकता को भी प्रोत्साहित करते है।

5. शोध पद्धति

यह शोध गुणात्मक और विश्लेषणात्मक दृष्टिकोण पर आधारित है।

1. साहित्यिक अध्ययन : लोकसाहित्य से संबंधित ग्रंथों, शोध-पत्रों, और क्षेत्रीय गीत-संग्रहों का गहन अध्ययन किया गया। इसमें मध्य भारत के गोंडी, भिलाला, और हिंदी लोकगीतों पर विशेष ध्यान दिया गया।
2. मौखिक सर्वेक्षण : तामिया क्षेत्र (विशेष रूप से पातालकोट अंचल) में 20 से 75 वर्ष आयु वर्ग के 35 प्रतिभागियों—ग्रामीणों, लोक कलाकारों, और शिक्षकों—से साक्षात्कार किए गए। इन साक्षात्कारों में लोकगीतों के सामाजिक और व्यक्तिगत प्रभावों पर चर्चा की गई।
3. विश्लेषणात्मक मूल्यांकन-- प्राप्त आंकड़ों का विषयवार वर्गीकरण किया गया और यह विश्लेषण किया गया कि कौन-से गीत और मूल्य व्यक्तित्व निर्माण में निर्णायक भूमिका निभाते है।

परिणामस्वरूप, यह पाया गया कि लोकगीतों से जुड़े व्यक्तियों में आत्मसंयम, सहानुभूति, और सामूहिक चेतना अधिक थी।

6. सुझाव

1. शैक्षणिक पाठ्यक्रम में समावेशन-- लोकगीतों को स्कूलों और कॉलेजों में नैतिक शिक्षा के हिस्से के रूप में शामिल किया जाए।
2. सांस्कृतिक कार्यशालाएँ-- सामुदायिक स्तर पर लोकगीत प्रतियोगिताएँ और प्रशिक्षण शिविर आयोजित किए जाएँ।
3. डिजिटल संरक्षण-- विलुप्तप्राय लोकगीतों का डिजिटलीकरण और ऑनलाइन संग्रहण किया जाए।
4. अंतरविषयक शोध--लोकगीतों को मनोविज्ञान, शिक्षा, और समाजशास्त्र के साथ जोड़कर शोध को प्रोत्साहित किया जाए।

7. निष्कर्ष

लोकगीत भारतीय संस्कृति की अमूल्य धरोहर है, जो नैतिक और आध्यात्मिक मूल्यों को संजोए रखते है। ये गीत व्यक्ति में करुणा, सहयोग, और आत्मसंयम जैसे गुणों का विकास करते है। आधुनिक शिक्षा और व्यक्तित्व विकास कार्यक्रमों में लोकगीतों को शामिल करके समाज में नैतिक और सांस्कृतिक जागरूकता को बढ़ाया जा सकता है।

संदर्भ

1. शर्मा, चंद्र प्रकाश. (2020), हिंदी लोकसाहित्य: अध्ययन और विश्लेषण, नवभारत प्रकाशन।
2. त्रिपाठी, रमेश. (2021) "लोकगीत और सामाजिक मूल्य." संस्कृति शोध पत्रिका, 8(2), 22–35।
3. वर्मा, सुरेश. (2019). Folk Songs and Personality Development in India. Journal of Indian Culture, 12(3), 45–58।
4. यादव, राम. (2018). भारतीय लोकगीत और संस्कृति, ज्ञानभारती प्रकाशन।

चरित्र निर्माण और व्यक्तित्व विकास: एक विश्लेषणात्मक अध्ययन

Prof. Jeetendra Gupta
Assistant Professor, Sociology
Govt. Degree College Karera

सारांश (Abstract)

यह शोध चरित्र निर्माण और व्यक्तित्व विकास के पारस्परिक संबंध, उनके घटक तत्वों, शिक्षा, परिवार एवं समाज की भूमिका तथा आधुनिक युग की चुनौतियों का विश्लेषण प्रस्तुत करता है। चरित्र निर्माण व्यक्ति के नैतिक मूल्यों और सद्‌गुणों का विकास करता है, जबकि व्यक्तित्व विकास उसके संपूर्ण मानवीय पक्ष—मानसिक, शारीरिक, भावनात्मक और सामाजिक—को उन्नत करता है। आज की तकनीकी और प्रतिस्पर्धात्मक दुनिया में जहाँ नैतिक मूल्य क्षीण होते जा रहे हैं, वहीं इन दोनों का समन्वय व्यक्ति और समाज की स्थायी प्रगति के लिए अनिवार्य है।

मुख्य शब्द: चरित्र निर्माण, व्यक्तित्व विकास, नैतिक शिक्षा, मूल्य, आत्मसंयम, शिक्षा।

परिचय

चरित्र निर्माण और व्यक्तित्व विकास आधुनिक समाज में व्यक्ति के जीवन के सर्वांगीण विकास का एक महत्वपूर्ण पहलू है। चरित्र निर्माण का अर्थ है व्यक्ति के आचरण, नैतिकता, दृढ़ता, ईमानदारी और जिम्मेदारी जैसे गुणों का

विकास करना, जबकि व्यक्तित्व विकास में व्यक्ति की बौद्धिक, भावनात्मक, सामाजिक और शारीरिक क्षमताओं का समग्र विकास शामिल है। ये दोनों प्रक्रियाएँ एक-दूसरे से गहराई से जुड़ी हैं और व्यक्ति की सफलता, संतुलित जीवन और समाज में उसकी भूमिका को निर्धारित करती हैं।

आज के तेजी से बदलते समाज में, जहाँ तकनीकी विकास और वैश्वीकरण का प्रभाव बढ़ रहा है, वहीं व्यक्ति के चरित्र और व्यक्तित्व का विकास अधिक महत्वपूर्ण हो गया है। व्यक्ति को न केवल ज्ञान और कौशल में दक्ष होना चाहिए, बल्कि उसके चरित्र में भी दृढ़ता, सहिष्णुता, सहयोग और नैतिकता जैसे गुणों का विकास आवश्यक है। इस शोध पत्र में चरित्र निर्माण और व्यक्तित्व विकास के महत्व, इसके तत्वों, प्रभावशाली कारकों, विकास की प्रक्रिया और इसके लिए दिए जा सकने वाले सुझावों पर विस्तृत चर्चा की जाएगी।

अध्ययन के उद्देश्य

इस शोध पत्र का मुख्य उद्देश्य निम्नलिखित है:

1. चरित्र निर्माण और व्यक्तित्व विकास की अवधारणा को स्पष्ट करना।
2. चरित्र निर्माण और व्यक्तित्व विकास के महत्व और आवश्यकता को समझाना।
3. चरित्र निर्माण और व्यक्तित्व विकास के विभिन्न तत्वों और कारकों का विश्लेषण करना।
4. चरित्र निर्माण और व्यक्तित्व विकास की प्रक्रिया और इसके लिए उपयोगी तरीकों का अध्ययन करना।
5. चरित्र निर्माण और व्यक्तित्व विकास के लिए व्यावहारिक सुझाव प्रस्तुत करना।

चरित्र निर्माण का अर्थ और परिभाषा

चरित्र (Character) वह आधार है जिस पर व्यक्ति के समूचे जीवन का निर्माण होता है। यह व्यक्ति की नैतिकता, आदर्श, सत्यनिष्ठा, और कर्तव्यबोध

की स्थिरता को दर्शाता है। महात्मा गांधी ने कहा था—"सच्ची शिक्षा वही है जो चरित्र का निर्माण करे।" चरित्र निर्माण का अर्थ केवल धार्मिक अनुशासन नहीं, बल्कि आत्मसंयम, ईमानदारी, परोपकार, और कर्तव्यनिष्ठा जैसे मूल्यों को जीवन में उतारना है।

व्यक्तित्व विकास का अर्थ और परिभाषा

'व्यक्तित्व' शब्द लैटिन भाषा के 'Persona' से बना है, जिसका अर्थ है—व्यक्ति का मुखौटा या बाहरी स्वरूप। परंतु मनोविज्ञान में यह शब्द व्यक्ति के आंतरिक गुणों, भावनाओं, विचारों, दृष्टिकोण, और व्यवहार के समुच्चय को व्यक्त करता है। व्यक्तित्व विकास का अर्थ है व्यक्ति के शारीरिक, मानसिक, बौद्धिक, भावनात्मक और आध्यात्मिक पक्षों का संतुलित विकास।

चरित्र निर्माण और व्यक्तित्व विकास का महत्व

चरित्र निर्माण और व्यक्तित्व विकास का महत्व निम्नलिखित है:

व्यक्ति की सफलता: चरित्र निर्माण और व्यक्तित्व विकास व्यक्ति की सफलता का आधार है। एक अच्छे चरित्र और विकसित व्यक्तित्व वाला व्यक्ति जीवन में अधिक सफल होता है।

समाज का विकास: चरित्र निर्माण और व्यक्तित्व विकास से समाज में सहयोग, सहिष्णुता और नैतिकता का विकास होता है।

व्यक्तिगत संतुलन: चरित्र निर्माण और व्यक्तित्व विकास से व्यक्ति को आत्म-जागरूकता और आत्म-विश्वास मिलता है, जिससे उसका जीवन संतुलित रहता है।

नौकरी और करियर: चरित्र निर्माण और व्यक्तित्व विकास व्यक्ति को नौकरी और करियर में सफलता प्राप्त करने में सहायता करता है।

चरित्र निर्माण और व्यक्तित्व विकास के तत्व

चरित्र निर्माण और व्यक्तित्व विकास के मुख्य तत्व निम्नलिखित हैं:-

- नैतिकता- नैतिकता चरित्र निर्माण का मूल तत्व है। यह व्यक्ति को अच्छे और बुरे के बीच अंतर करने में सहायता करती है।
- दृढ़ता- दृढ़ता व्यक्ति को कठिनाइयों का सामना करने में सहायता करती है।
- ईमानदारी- ईमानदारी व्यक्ति के चरित्र का एक महत्वपूर्ण गुण है।
- जिम्मेदारी- जिम्मेदारी व्यक्ति को अपने कर्तव्यों का पालन करने में सहायता करती है।
- सहयोग- सहयोग व्यक्ति को समाज में सकारात्मक भूमिका निभाने में सहायता करता है।
- आत्म-जागरूकता- आत्म-जागरूकता व्यक्तित्व विकास का मूल तत्व है।
- आत्म-विश्वास- आत्म-विश्वास व्यक्ति को अपनी क्षमताओं पर विश्वास करने में सहायता करता है।
- संचार कौशल- संचार कौशल व्यक्ति को दूसरों के साथ संबंध बनाने में सहायता करता है।
- समस्या समाधान क्षमता- समस्या समाधान क्षमता व्यक्ति को जीवन की चुनौतियों का सामना करने में सहायता करती है।

चरित्र निर्माण और व्यक्तित्व विकास के कारक

शिक्षा की भूमिका

शिक्षा चरित्र और व्यक्तित्व निर्माण की मूलधारा है। गांधीजी, टेगोर और विवेकानंद जैसे शिक्षाविदों ने शिक्षा का उद्देश्य केवल ज्ञान प्राप्ति नहीं, बल्कि "मनुष्य निर्माण" बताया है। विद्यालयों में जीवन-मूल्य आधारित शिक्षा, सामुदायिक सेवा, नैतिक कथाएँ, और सामूहिक प्रार्थनाएँ बच्चों के व्यक्तित्व और चरित्र को सुदृढ़ करती हैं।

परिवार और समाज की भूमिका

परिवार बच्चे का पहला विद्यालय है। माता-पिता का आचरण, प्रेम, अनुशासन और संवाद ही उसके चरित्र और व्यक्तित्व की नींव बनते हैं। समाज और मीडिया भी इस प्रक्रिया को प्रभावित करते हैं।

चरित्र निर्माण और व्यक्तित्व विकास में आने वाली चुनौतियाँ

चरित्र निर्माण में आने वाली चुनौतियाँ

नैतिक पतन: आज समाज में ईमानदारी, सहानुभूति, और सत्यनिष्ठा जैसे मूल्यों का क्षरण हुआ है। यह व्यक्तिगत लालच, भौतिकवादी सोच, और सामाजिक दबाव का परिणाम है।

शिक्षा प्रणाली की कमी: आधुनिक शिक्षा मुख्यतः रोजगार केंद्रित हो गई है, जिससे नैतिक शिक्षा और जीवन मूल्यों की उपेक्षा होती जा रही है।

सोशल मीडिया का प्रभाव: आभासी जीवन में नैतिकता और वास्तविक जीवन के आचरण के बीच विरोधाभास बढ़ रहा है, जिससे चरित्र पर नकारात्मक प्रभाव पड़ता है।

पारिवारिक वातावरण: परिवार में संवाद की कमी और बच्चों के प्रति मूल्य आधारित दृष्टिकोण के अभाव के कारण संस्कारों का क्षरण हो रहा है।

व्यक्तित्व विकास में आने वाली चुनौतियाँ

आत्म-संदेह: व्यक्ति अपनी क्षमताओं पर विश्वास नहीं कर पाता, जिससे आत्मविश्वास घटता है।

डर और असफलता का भय: असफलता से डर व्यक्ति के व्यक्तित्व के विकास को रोकता है।

आलस्य और अनुशासन की कमी: समय प्रबंधन की कमी और लापरवाही के कारण कई व्यक्ति अपने कौशल को योग्य दिशा नहीं दे पाते।

नकारात्मक संगति: नकारात्मक विचारधारा वाले लोगों का प्रभाव व्यक्ति की मानसिकता और दृष्टिकोण को कमजोर करता है।

समाधान

नैतिक शिक्षा का समावेश: विद्यालय और विश्वविद्यालयों के पाठ्यक्रम में चरित्र निर्माण एवं नैतिक शिक्षा के पाठों को अनिवार्य किया जाना चाहिए।

सकारात्मक सोच का विकास: आत्म-सुधार, ध्यान, और प्रेरणात्मक साहित्य के अध्ययन के माध्यम से मानसिक सशक्तिकरण किया जा सकता है।

आत्म-विश्लेषण और अनुशासन: दैनिक जीवन में आत्म-नियंत्रण, समय प्रबंधन, और आत्म-निरीक्षण को अपनाना आवश्यक है।

पारिवारिक व सामाजिक सहयोग: परिवार और समाज को सकारात्मक वातावरण प्रदान कर बच्चों में संस्कार और समाजसेवा की भावना का विकास करना चाहिए।

व्यवहारिक शिक्षा और कौशल प्रशिक्षण: शिक्षा संस्थानों में जीवन कौशल आधारित प्रशिक्षण को बढ़ावा देने से व्यवहारिक और नैतिक दोनों विकास संभव है।

निष्कर्ष

चरित्र निर्माण और व्यक्तित्व विकास दोनों एक-दूसरे के पूरक हैं। चरित्र व्यक्ति के आंतरिक गुणों का निर्माण करता है, जबकि व्यक्तित्व उसका बाह्य प्रतिबिंब होता है। आज की शिक्षा प्रणाली, तकनीकी प्रभाव, और सामाजिक प्रतिस्पर्धा ने व्यक्ति को बाहरी सफलता की ओर अधिक आकर्षित किया है, किंतु आंतरिक मूल्यों की उपेक्षा ने नैतिक पतन को जन्म दिया है। अतः नैतिक शिक्षा, आत्म-अनुशासन, और सामाजिक संवेदनशीलता ही इसका सही समाधान है।

सुझाव

1. शिक्षा प्रणाली में मूल्य आधारित पाठ्यक्रम को लागू किया जाए।
2. विद्यालय स्तर पर "चरित्र निर्माण कार्यशालाएँ" और "व्यक्तित्व संवर्धन कार्यक्रम" चलाए जाएँ।
3. अभिभावकों को बच्चों के नैतिक और व्यक्तित्व विकास में सक्रिय रूप से शामिल किया जाए।
4. डिजिटल मीडिया के सकारात्मक उपयोग के लिए युवाओं को मार्गदर्शन दिया जाए।
5. आत्म-विश्वास बढ़ाने के लिए मानसिक स्वास्थ्य और ध्यान कार्यक्रमों को बढ़ावा दिया जाए।

संदर्भ

1. Jagran. (2021, September 23). *चरित्र निर्माण: ज्ञान के बिना नहीं हो सकता चरित्र का निर्माण.* रायपुर: दैनिक जागरण।
2. NCERT Journal. (2020). *शिक्षा एवं चरित्र निर्माण.* नई दिल्ली: एनसीईआरटी प्रकाशन।
3. Chegg India. (2025, September 15). *व्यक्तित्व विकास की बाधाएँ और समाधान.*
4. AWGP Publication. (n.d.). *व्यक्तित्व निर्माण के सूत्र.* हरिद्वार: अखिल विश्व गायत्री परिवार।
5. Amar Ujala. (2022, October 17). *राष्ट्रीय शिक्षा नीति 2020: चरित्र निर्माण एवं व्यक्तित्व विकास की शैक्षणिक रणनीति.*
6. Navbharat Times. (2023, December 06). *आपके व्यक्तिगत विकास की राह में बाधाएं पैदा करती हैं ये बातें.*
7. मोहनदास करमचंदसत्य के प्रयोग, नवल किशोर प्रकाशन, 1948।
8. विवेकानंद, स्वामी—शिक्षा पर विवेकानंद के विचार, अद्वैत आश्रम, 1932।
9. राधाकृष्णन, सर्वपल्ली—इंडियन फिलॉसफी, ऑक्सफोर्ड यूनिवर्सिटी प्रेस, 1951।
10. शर्मा, ओ. पी.—नैतिक शिक्षा और व्यक्तित्व विकास, भारतीय प्रकाशन, 2015।
11. https://ejournals.ncert.gov.in/index.php/pp/article/download/4573/4330/8391
12. https://www.amarujala.com/columns/blog/educational-strategy-for-character-building-and-holistic-development-of-personality
13. https://www.jru.edu.in/blog-post/values-and-ethics-in-university-students/

14. https://www.jagran.com/spiritual/sant-saadhak-the-character-is-formed-in-a-child-the-other-things-become-self-15768254.html

15. https://www.awgp.org/en/literature/akhandjyoti/1956/March/v2.13

16. https://www.cheggindia.com/hi/vyaktitva-vikas/

17. https://navbharattimes.indiatimes.com/speakingtree/motivation/what-are-the-common-mistakes-people-do-in-their-self-growth-journey/articleshow/105816165.cms

18. https://www.artofliving.org/in-hi/lifestyle/tips/personality-development

19. https://www.awgp.org/en/literature/book/vyaktitv_nirman_yuva_shivir/v1.15

20. https://www.jagran.com/spiritual/religion-character-cannot-be-formed-without-knowledge-22049947.html

21. https://navbharattimes.indiatimes.com/speakingtree/spirituality/the-character-makes-someone-decent/articleshow/102214617.cms

22. https://vivek-jivan.blogspot.com/2015/09/svhs-35-process-of-character-building.html

ROLE OF A FAMILY IN THE HOLISTIC DEVELOPMENT OF AN INDIVIDUAL

Dr. Aditya Kumar Binakia
Guest Faculty, Dept. of English,
Rajmata Scindia Govt Girls PG College,
Chhindwara (M.P.)

Abstract

Family is the foundational institution of society and the primary agent of socialization that shapes an individual's personality, values, and worldview. The holistic development of an individual includes physical, emotional, social, intellectual, and moral dimensions—all of which are deeply influenced by familial relationships and upbringing. This paper examines the role of family in nurturing holistic growth, emphasizing how family structures, parenting styles, communication patterns, and value systems collectively contribute to the development of a well-adjusted individual. Drawing upon psychological, sociological, and educational perspectives, the study argues that a supportive family environment not only fosters self-confidence and resilience but also enables moral and cognitive maturity. The paper concludes that despite modernization and changing family dynamics, the family remains the most crucial foundation for an individual's balanced development.

Keywords: Family, holistic development, emotional growth, socialization, moral values, parenting.

1. Introduction

The family is often described as the first school of a child and the cornerstone of human civilization. It plays a critical role in shaping an individual's overall personality and worldview. The term holistic development refers to the comprehensive growth of a person across all dimensions—physical, intellectual, emotional, social, and moral. Each of these aspects is interconnected and influenced by the family environment in which an individual is raised. Parents and guardians act as the first teachers, role models, and emotional anchors. Hence, family serves not merely as a biological unit but as a socio-cultural system that molds an individual's identity and behavior (Bronfenbrenner, 1979).

2. Family as the Primary Agent of Socialization

Socialization is the process through which individuals learn cultural norms, values, language, and social behavior. The family is the first and most enduring agent of socialization. Through daily interactions, children learn to communicate, share, respect authority, and understand moral boundaries. Parents introduce them to the basic principles of empathy, cooperation, and discipline.

3. Emotional and Psychological Development

The emotional and psychological growth of an individual is heavily dependent on the quality of family relationships. Secure attachment with parents fosters confidence, empathy, and the ability to form healthy social bonds. Families that express love, warmth, and open communication nurture emotionally stable individuals. Dysfunctional family dynamics can result in anxiety, low self-esteem, and social withdrawal.

4. Intellectual and Educational Growth

Parents are the first educators in a child's life. A stimulating home environment that encourages curiosity, reading, and learning has a profound impact on intellectual growth. Families that value education tends to produce children who perform better academically and demonstrate critical thinking skills.

5. Social and Moral Development

Moral and ethical understanding begins at home. The family instills values such as honesty, compassion, respect, and responsibility. Parents' actions and decisions provide the child's first moral examples. Additionally, social development—learning how to interact with others and cooperate—originates within sibling relationships and parent-child interactions.

6. Family Structures and Changing Dynamics

In traditional societies, joint families played a significant role in supporting multi-generational development. In contrast, modern nuclear families often face challenges such as time constraints and work-life imbalance. However, the structure of the family is less important than its quality of relationships.

7. The Role of Family in Building Resilience

A family provides the foundation for emotional resilience and coping mechanisms. Through guidance, encouragement, and shared experiences, individuals learn how to deal with stress, failure, and life's uncertainties. Resilient families promote adaptability, optimism, and problem-solving skills.

8. Cultural and Spiritual Dimensions

Family also acts as a transmitter of cultural heritage and spiritual values. Rituals, traditions, and festivals reinforce a sense of belonging and identity. These cultural practices provide emotional grounding and moral orientation.

9. Conclusion

The family is not merely a social unit but a dynamic system that nurtures every dimension of an individual's being. From physical care to emotional stability, from intellectual stimulation to moral grounding, the family remains the cornerstone of holistic human development. Strengthening family relationships, promoting positive parenting, and encouraging intergenerational communication are essential steps toward building balanced and compassionate societies.

References

1. Bowlby, J. (1969). Attachment and loss: Vol. 1. Attachment. Basic Books.
2. Bronfenbrenner, U. (1979). The ecology of human development: Experiments by nature and design. Harvard University Press.
3. Erikson, E. H. (1963). Childhood and society. W. W. Norton & Company.
4. Kohlberg, L. (1981). Essays on moral development, Volume I: The philosophy of moral development. Harper & Row.
5. Parsons, T. (1955). Family, socialization and interaction process. Free Press.

6. Vygotsky, L. S. (1978). Mind in society: The development of higher psychological processes. Harvard University Press.

7. Werner, E. E., & Smith, R. S. (1992). Overcoming the odds: High-risk children from birth to adulthood. Cornell University Press.

YOUTH PERSONALITY DEVELOPMENT AND THE ULTIMATE CHARACTER: THE NEGLECTED ROLE OF EDUCATORS

Dr. Vipin Mahore
Department of English
Government College Tamiya,Chhindwara
Vipin.mahore28@gmail.com

Abstracts

The paper examines how youth personality development is responsible for the ultimate character of students and their behavior in the field even after graduation. Youth personality at higher education level at present is engulfed with many challenges than ever before. Not only do most of them have the "don't care" attitude as part of their behavior but also continue to have less and less interest and opportunity to discover what is true and is expected of them by their religion so as to refine and build their character into responsible and God-fearing citizens. They continue to pursue the world with all sorts of anti-social behavioural characteristics that portray impatience, intolerance, and irresponsibility to society and their workplaces. The paper therefore sets the pace in identifying the neglected role of educators and attempts to analyze the qualities that are required and expected of not only the parents but school and university educators in building the community, mining the curriculum, and above else how to involve staff, administrators, parents and students themselves as stakeholder. It recommends some strategies that are pertinent and key to character building.

The paper also provides a way forward how to teach and how academic institutions can reclaim their neglected role and effectively nurture the youths. It concludes with an observation that while most talents are to some extent a gift that students can demonstrate after class, good character by contrast is not given on a silver plate. Educators have to build it piece by piece through thought, choice, courage and determination.

Introduction

Youths at higher education level at present are engulfed with complicated challenges more than ever before. While the stage is understood as a period of transition from the dependence of childhood to adulthood's independence, many have failed the test of adulthood independence. This has not only manifested itself in the environment in which they live but also in the various situations in which the youths demonstrates compromising personality,anti-social behavior, poor character and above all else irresponsibility even when they have been educated to a level at which they are ripe to graduate or are even already serving society.

However, the youths should note that having good character by itself is richness and being poor is relying on people who don't give a damn about you or being angry at you just for walking around or getting surprised to discover that you are not actually stupid and lazy.

These are the foundations of success. Thus, while age is the easiest way to define this group, particularly in relation to education and employment, youth is often referred to as a person between the ages of leaving compulsory education, and finding their first job (World Programme of Action for Youth, 2007).

In the context of this paper, personality describes the relatively stable set of characteristics,tendencies and temperaments that have been formed by heredity and by social, cultural and environmental factors. These traits determine how we interact with and react to various people and situations. Some of the aspects of personality are believed to be a result of nature. They are traits with which we are born and which we acquire through heredity. Other characteristics of our personality are thought to be as a result of our environment. These are factors that we acquire through exposure to people and events in our lives .

It is important to note that each of us has a unique personality that differentiates us from other people. Thus, understanding someone's personality gives us clues about how that person is likely to act and feel in a variety of situations. Character on the other hand is also defined in different ways. Character is a window into personality, a constellation of attitudes, values, ethical considerations, and behavioural patterns that represent what people believe and value, how they think, and what they do. When we say that someone has "character," it means that such a person exhibits admirable traits in both intellectual and behavioral dimensions of public and private life and acts with integrity in that behavior is congruent with values and beliefs. People of excellent character work toward the public good, with integrity and personal responsibility that reflect their examined understanding of their ethical responsibility to self and the larger community.

Researchers therefore emphasize that character encompasses one's agency, attitudes,behaviors, dispositions, mindsets, personality, temperament, values and social as well as emotional skills.

Character, although sometimes charged with negative connotation, is a concise term that is recognizable by all cultures.

Thus, character qualities are defined as distinct from Skills, which represent the ability to effectively use what one knows. Higher-order skills such as the "4Cs" of Creativity, Critical thinking, Communication, Collaboration are essential for acquisition and application of Knowledge as well as for work performance. It is therefore noted at this point that both personality and character are key ingredients in a person's development and this is one of the major requirements for good parenting habits for educators, Zhao et al, (2006). At present, it seems neglected if not forgotten. The tables 1 and 2 below provide a precise illustration of what comprises the key personality traits and the qualities of good character respectively.

Table 1: showing the key personality traits and the detailed explanation;

Trait Explanation	**Explanation**
Openness	the degree to which a person is curious, original, intellectual,creative and open to new ideas
Consciousness	Organized, systematic, punctual, achievement oriented and dependable
Extraversion	Outgoing, talkative, sociable and enjoys being in social situations
Agreeableness	Affable, tolerant, sensitive, trusting, kind and warm
Neuroticism	Anxious, irritable, temperamental and

Meanwhile, character comprises qualities that help people demonstrate courage, curiosity, resilience, leadership and ethics among others. The detailed description can be summarized in Table 2.

Table 2: showing the qualities and the descriptive concepts of character

Qualities	**Descriptive concepts**
Mindfulness	Wisdom, self-awareness, self-management self-actualization, observation, reflection,consciousness, compassion, gratitude, empathy, caring, growth, vision, insight,equanimity, happiness, presence, authenticity, listening, sharing, interconnectedness,interdependence, oneness, acceptance, beauty, sensibility, patience, tranquility, balance,spirituality, existentiality, social awareness, cross-cultural awareness, etc.
Curiosity	Open-mindedness, exploration, passion, self-direction, motivation, initiative, innovation,enthusiasm, wonder, appreciation, spontaneity etc.
Courage	Bravery, determination, fortitude, confidence, risk taking, persistence, toughness, zest,optimism, inspiration, energy, vigor, zeal, cheerfulness, humor etc.
Resilience	Perseverance, grit, tenacity, resourcefulness, spunk, self-discipline, effort, diligence,commitment, self-control, self-esteem, confidence, stability, adaptability, dealing with ambiguity, flexibility, feedback, etc.

(Contd.)

Qualities	Descriptive concepts
Ethics	Benevolence, humaneness, integrity, respect, justice, equity, fairness, kindness, altruism, inclusiveness, tolerance, acceptance, loyalty, honesty, truthfulness, authenticity, genuineness, trustworthiness, decency, consideration, forgiveness, virtue, love, helpfulness, generosity, charity, devotion, belonging, civic-mindedness, citizenship, equality, etc.
Leadership	Responsibility, accountability, dependability, reliability, conscientiousness, selflessness, humbleness, modesty, relationship skills, self-reflection, inspiration, organization, delegation, mentorship, commitment, heroism, charisma, followership, engagement, leading by example, goal-orientation, focus, results orientation, precision, execution, etc.

As indicated in the description above, for the youth to have excellent personality and character, there is need to build strong foundation of values (Wallace and Chen, 2006). This is not, of course by parents alone but all educators who are at each and every level of one's education. Personality itself has three key determinant factors which are;

1. **Heredity:** Heredity refers to those factors that were determined at conception.Physical structure, facial attractiveness, gender, temperament, muscle composition and reflexes, energy level,

and biological rhythms are characteristics that are generally considered to be either completely or substantially influenced by who your parents were, that is by their biological, physiological and inherent psychological makeup.

2. **Environment:** The environmental factors that exert pressures on our personality formation are the culture in which we are raised, our early conditioning, the norms among our family, friends and social groups, and other influences that we experience.The environment to which we are exposed plays a substantial role in shaping our personalities.

3. **Situation:** A third factor, the situation, influences the effects of heredity and environment on personality. An individual's personality although generally stable and consistent, does change in different situations.The varying demand of different situation calls forth different aspects of one's personality. We should not therefore look upon personality patterns in isolation.

From the factors above, it is noted that personality and character are key ingredients of behavior. Behavior is the way in which we conduct ourselves. The way in which we act. Our behaviour is influenced by our feelings, judgments, beliefs, motivations, needs, experience and opinions of others (Judge and Ilies, 2002). Patterns of behaviour develop through our reactions to events and actions over a period of time. Behaviour consists of four components:

- **Motivation:** The drive to pursue one action over another. Being aware of our core drivers, those things that motivate you positively or negatively- can help you understand the roots of your behaviour and make adjustments as necessary to modify your behaviour.
- **Modes of thinking**: the way you process the various inputs your brain receives. Being aware of how we take in and make

sense of information can help us understand how we make judgments or decisions that lead to choosing one behaviour or course of action over another.

- **Modes of acting:** the course of action we apply in a given situation. Being aware of how we express our reaction to the things that happen to and around us can help us understand the alternatives available to us when certain events arise.
- **Modes of interacting:** the way in which we communicate and share ideas, opinions and feelings with others. Being aware of how we talk and work with others can help us understand how our preferred style fit with those with whom we work and live.

Needless to mention, many academic institutions in Uganda and beyond were founded by enominational groups in no small part to preserve an important facet of character that's; their religious heritage, beliefs, and values. As higher education expanded to accommodate a growing number of participants, the new institutions that emerged introduced other priorities. Many schools and universities have become more secular in their mission, philosophy, and curricular orientation. Put another way, the emphasis that institutions placed on character development declined commensurately, except at those institutions that retained more than a titular connection with their sponsoring denomination (Horowitz, 1987). Many of our current institutions have become more secular in orientation and practice. They have the "don't care" attitude in terms of behavior. Students have less and less opportunity to discover what, for example, Islam teaches so as to refine, and test their character. They only pursue the world and worldly gains and no or little attention is given to religion and ethics. In short, to them the end justifies the means. Survival is for the fittest and it is by hook or crook.

What has been neglected by parents?

A youth's temperament and personality are largely biologically based and inherited. From the moment of birth, personality differences are evident. Some newborns are easygoing and a breeze to care for, while others are fussy and difficult to please. Despite the strong genetic connection to personality characteristics, environmental conditions, such as a father's and/or mother's parenting style, can lead children with similar temperaments to act quite differently. In the 1970s, youths who grew up in authoritative but organized homes or environments with supporting parents had high standards and expectations. They consistently enforced household rules and allowed their children to have a say in household work that helped them to be responsible in future. Children raised in such settings were well-adjusted, content, likeable, self-assured and energetic. Additionally, an elementary school student whose parents promoted love, interpersonal skill with a strict Islamic code, for example, brought up very productive children. Such youths had an easier time in school and were viewed as more competent or smarter than their peers. On the contrary, a child raised by abusive parents or by a mom or dad who mercilessly meddles in each and every aspect of life was more inclined to be hostile toward his/her peers. To understand this, psychologists such as have documented volumes of research on the influence of society and culture on personality development. Their conclusion was that child-rearing practices shape personality development. The individual family structure and the community where the youth lives therefore influence personality development because in the African setting, it takes a village to raise a child. Some parents guide children to uphold traditions while others emphasize only religion as a key factor to child development and personality. Weak parents encourage youths to use self-monitoring personality behaviors to control their actions. Such youths learn how to use the conscious self as a part of their personality development. The end results are; homosexuality, smoking, drug abuse, pornography, irresponsibility, underperformance in class and several other antisocial behaviors. To say the least, many even dropout of education. And as a result, they experienceWhat are the ultimate characters required of youths?

The characters that translate into a useful person as identified by (MacKnight, 2006) were already recommended for a good Muslim by the prophet of Islam (PBUH). They are;

1. **Courage;** having the determination to do the right thing even when others don't; having the strength to follow your conscience rather than the crowd; attempting difficult things that are worthwhile.
2. **Good judgment;** choosing worthy goals and setting proper priorities; thinking through the consequences of your actions; and basing decisions on practical wisdom and good sense.
3. **Integrity;** having the inner strength to be truthful, trustworthy, and honest in all things; acting justly and honorably.
4. **Kindness;** being considerate, courteous, helpful, and understanding of others;showing care, compassion, friendship, and generosity; and treating others as you would like to be treated.
5. **Perseverance;** being persistent in the pursuit of worthy objectives in spite of difficulty, opposition, or discouragement; and exhibiting patience and having the fortitude to try again when confronted with delays, mistakes, or failures.
6. **Respect;** showing high regard for authority, for other people, for self, for property,and for country; and understanding that all people have value as human beings.

7. **Responsibility;** being dependable in carrying out obligations and duties; showing reliability and consistency in words and conduct; being accountable for your own actions; and being committed to active involvement in your community. The price of grateness is the responsibility one demonstrates. Responsibility gravitates to the person who can shoulder them. It has been observed by great thinkers like Socrates that society is not destroyed by the activities of the rascals, but by the inactivity of good people.
8. **Self-discipline;** demonstrating hard work and commitment to purpose; regulating yourself for improvement and restraining from inappropriate behaviors; being in proper control of your words, actions, impulses, and desires; choosing abstinence from premarital sex, drugs, alcohol, and other harmful substances and behaviors; and doing your best in all situations.
9. **Respect for school personnel;** holding teachers, administrators, and all school personnel in high esteem and demonstrating in words and deeds that all school personnel deserve to be treated with courtesy and proper deference.
10. **Responsibility for school and/or university safety;** helping to create a harmonious institution atmosphere that is free from threats, weapons, and violent or disruptive behavior; cultivating an orderly learning environment in which students and school personnel feel safe and secure; and encouraging the resolution of conflicts and disagreements through peaceful means including peer mediation.

Conclusion

This papr demonstrates the importance of youth personality development in building the ultimate character that is desirable. It has been documented that the responsibility of developing the youths with meaningful character has perhaps been neglected by both parents and educators. Therefore there is urgent need to revive the lost glory. As educators focus on training and developing the youths into useful citizens, it is important to focus not only on what is taught in class but also what the student will be after graduation. The best index of a person's character is how they treat people who can't do them any good and how they treat people who can't fight back. Character is like a tree and reputation is a shadow. Therefore, without character there is no reputation. Educators should focus on having youths who are useful and can create a reputation, respect and propel the Ummah to last and serve our progeny. Good character is more to be praised than outstanding talent. Most talents are to some extent a gift that the student can demonstrate after classroom learning. However, good character by contrast is not given to us. We have to build it piece by piece through thought, choice, courage and determination. If anything, we need to go back to the drawing board, remind the youths, teach and guide them as indicated in the text. This is because character cannot be developed in ease and quiet. It is only through experience of trial and suffering that the soul can be strengthened, vision cleared, ambition inspired and success achieved. This ishow the prophet (PBUH) was able to spread Islam. Even today he remains the most influential person rated by even those who do not believe in Allah.

References

1. Goldberg, L. R. (1990). An alternative "description of personality": The big-five factor structure. Journal of Personality & Social Psychology.
2. Horwitz, E.K. (1987). Surveying student beliefs about language learning. In A. Wenden & J.

3. Rubin (Eds.), Learner strategies in language learning (pp. 119–129). Englewood Cliffs, NY: Prentice Hall.
4. Judge, T. A., & Ilies, R. (2002). Relationship of personality to performance motivation: A meta-analytic review. Journal of Applied Psychology, 87, 797–807;
5. Levitan Youth Policy Network (1997). A Generation of Challenge: Pathways to Success for Urban Youth. Baltimore: Sar Levitan Center for Social Policy Studies, Johns Hopkins University.
6. Lickona, T. (1991). Educating for character: How our schools can teach respect and responsibility. Bantam Books: New York,
7. Lickona, T. (2004). Character matters: How to help our children develop good judgment, integrity, and other essential virtues. Simon and Schuster.
8. Lickona, T., Schaps, E., and Lewis, C. (1995). Eleven principles of effective character education. Washington, D.C.: Character Education Partnership.
9. MacKnight T. Erix (2006). Good Habits, Good Students: A Complete Guide for Students Who Want to Succeed. Llumina Press, United States of America.
10. Wallace, C., & Chen, G. (2006). A multilevel integration of personality, climate, self- regulation, and performance. Personnel Psychology, 59, 529–557;
11. World Programme of Action for Youth: http://social.un.org/index/Youth/WorldProgrammeofActionforYouth.aspx
12. Zhao, H., & Seibert, S. E. (2006). The big five personality dimensions and entrepreneurial status: A meta-analytic review. Journal of Applied Psychology, 91, 259–271.

CORRELATIONS BETWEEN INTELLIGENCE AND PERSONALITY

Dr Mohammed Imran Khan
Assistant Professor, Geography
SBS.Govt.P.G.College.Pipariya, 9407291250

Abstract

You have been born to do such work which will bring welfare to humanity and the country and will germinate the seeds of development. Man is an intelligent creature, but his personality depends on how he uses his intelligence, man makes good use of his intelligence. So he will be called a famous personality. If a person makes good use of his intelligence, he will be called a famous personality, but if he works against human values, then the impact of his personality is zero, hence the work done by him is looked upon with neglect. The way the Guru gives knowledge to his disciples, but the personality of each disciple is different; the main reason for this is his intelligence But a golden personality cannot be created only on the basis of intellectual power, along with intelligence we will also have to include those qualities which will help my personality to get recognition, which will fulfil the purpose of my research paper.

Object

Humans are intelligent creatures, but their personalities depend on how they use their intelligence. If a person uses their intelligence wisely, they will become famous. Otherwise, they will become infamous. My main objective in this paper is to present a positive perspective on this correlation.

Choose the Right Path

Key Words: Correlations, Intelligence, Personality, Skill and Famous

Introduction

Simple correlation is a measure used to determine the strength and the direction of the relationship between two variables, X and Y.

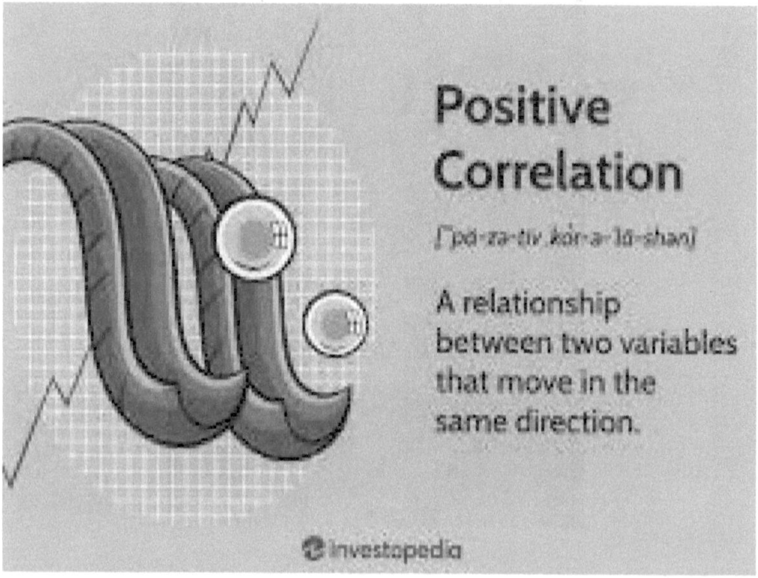

Correlation is a statistical measure showing how two variables change together, indicating the strength and direction of their relationship (e.g., both increase, one increases while the other decreases, or no consistent link), but it does not prove causation. It's measured by a coefficient (r) from -1 to +1, where +1 is perfect positive, -1 is perfect negative, and 0 is no linear relationship, showing if variables move together.

Shows if variables are linked, moving together or in opposite ways

Intelligence

Intelligence manifests in specific personality traits often characterized by intense curiosity, openness to experience, and high intellectual engagement, including creativity and mental quickness. Gifted individuals frequently display unique, sometimes asynchronous, development, blending high cognitive ability with deep sensitivity, strong justice, and a quirky sense of humor.

Intelligence is the ability to learn from experience and to adapt to, shape, and select environments.

Intelligence can be defined as the ability to solve complex problems or make decisions with outcomes benefiting the actor, and has evolved in life forms to adapt to diverse environments for their survival and reproduction

Alfred Binet (1905): Defined it as the ability to judge well, understand well, and reason well, later focusing on direction, adaptation, and criticism

E.G. Boring (1948): Famously defined it operationally: "Intelligence is what intelligence tests [measure]

Four prominent types of intelligence, based on Howard Gardner's theory, include Logical-Mathematical (reasoning/problem-solving), Linguistic (words/language), Spatial (visualizing/designing), and Bodily-Kinesthetic (physical control/dexterity). Other theories also highlight Emotional Intelligence (EQ) (understanding emotions) and Social Intelligence (SQ) (social skills) as crucial.

Personality

B.F. Skinner, the pioneering American psychologist who stated that personalities are shaped by external environments instead of physiological factors. Skinner even asserted that if a person's environment were to be precisely controlled, then any variety of personality could be formed within that person.

I. P. Guilford (1959): "A person's unique pattern of traits"

II. Raymond Cattell (1950): "That which permits a prediction of what a person will do in a given situation"

Core Themes in Definitions

Consistency: Personality remains relatively stable across time and situations.

Uniqueness: It highlights the distinctive, individual differences between people.

Dynamic Organization: It is not static but a constantly evolving, integrated system.

Functional Adaptation: It helps individuals adjust to their environment.

The Following dimensions can be used to understand the relevance of personality

All the social reformers in the world are studied only after the fame of the work done by them. Therefore, it means to say that in the creation of personality the desire of the service in the behaviour of the person arises itself. This type of personality is created from this feeling in this type of personality, "selfless service in the ultimate religion". This type of a personality is wonderful power of patience, who believe in suffering themselves, their will develop according to time, evidence has also been received from historical evidence.

One special thing about the personality of revolutionary Subhash Chandra Bose was that he wanted to in still a sense of victory among the citizens of the country through his willpower.

His slogan was "You Give Me Blood, I Will Give You Freedom "He wanted to strengthen the spirit of sacrifice among the countrymen who were with this slogan.

As a pioneer

Swami Vivekananda Ji --- the pioneer of our young generation, is known as an ideal person in the world due to the influence of his personality.

Observation

Correlations between Intelligence and Personality

The idea that personality is "built" by intelligence suggests a deep, developmental relationship where cognitive abilities shape how a person thinks, feels, and behaves. Research indicates that intelligence (cognitive ability) and personality are not completely separate, but rather intertwined, with intelligence acting as a catalyst for certain personality traits.

Personality is conceptualized as an internal dynamic structure that influences and shapes how individuals interact, think and adapt to their environment. In the field of personality psychology, an essential question is whether a theoretical score for one of the personality traits corresponds to a given behaviour.

Intelligence is manifested not only in abilities such as reasoning, but also in adaptation to different environments and circumstances. Understanding this relationship is fundamental, as it provides valuable perspectives in fields such as education and clinical psychology, and underscores the role of the relationship between intelligence, personality, and human behaviour.

Intelligence influences personality by shaping problem-solving abilities, adaptability, and decision-making. It helps individuals understand and interact effectively with their environment, fostering confidence and social skills, which contribute to overall personality growth and development

The relation between intelligence and personality is not only of high theoretical but also practical importance as personality and intelligence tests are often both applied in selection contexts. Knowing their relation gives a hint on the incremental and combined validity of both constructs when predicting important criteria such as job performance. Furthermore, the relation between constructs is important for building psychological theories which aim to understand the complexity of human nature. One popular way of doing this is to derive and test trait taxonomies describing important areas of personality and ability.

Fourteen years later, the massive data catalog has dropped. It contains 79 personality traits and 97 cognitive abilities from 1,300 studies from over 50 countries including over 2 million participants. And an early meta-analysis published in the Proceedings of the National Academy of Sciences shows that personality and intelligence relate in some surprising ways

Intelligence (termed cognitive ability by the researchers) describes how well someone can understand and apply information. Intelligence can be split into two kinds. Acquired knowledge, also called invested abilities, refers to specific skills and knowledge. Non-invested knowledge refers to all other cognitive abilities. Like personality, these two types of intelligence can be broken into facets like working memory, pattern recognition, and verbal ability. Source by Elizabeth GilbertAugust 15, 2023

Personality and intelligence in psychology represent two distinct yet intersecting, relatively stable, and genetically influenced dimensions of individual differences. Personality defines characteristic patterns of thinking, feeling, and behaving (e.g., Big Five traits), while intelligence measures cognitive ability and maximum performance. Modern psychology views them as deeply intertwined, with traits like openness linked to intelligence, and personality influencing how cognitive abilities are applied

Conclusion

Intelligence provides significant, broad-ranging advantages in life, acting as a "double-edged sword" that, while sometimes bringing social challenges, generally correlates with higher income, better health, and faster learning. It is defined as a general mental capability involving reasoning, problem-solving, planning, abstract thinking, and learning quickly from experience.

Personality provides significant advantages by enhancing resilience, improving social interactions, and fostering career growth. A well-developed personality boosts confidence, enables effective stress management, and strengthens relationships. It also helps individuals leverage their unique strengths for better decision-making and professional success.

Intelligence significantly shapes personality by influencing cognitive styles, emotional regulation, and behavioural tendencies, with higher intelligence often correlating with increased open-mindedness, curiosity, and adaptability. Smarter individuals tend to exhibit greater intellectual humility, self-reflection, and a preference for solitude, while often possessing lower levels of impulsivity and aggression.

Personality traits, particularly Openness and Neuroticism, significantly impact intelligence, with Openness positively correlated to crystallized intelligence and cognitive exploration. While intellectual ability often dictates capacity, traits like Conscientiousness boost performance through diligence. Conversely, high Neuroticism can impede cognitive functioning due to anxiety and personality influences intellectual development

The gist of this entire research paper is that qualities like patience, positive thinking, self-purification, dedication to work, and strong willpower are essential for a person's overall development. Intelligence plays a crucial role in this. Just as no work is possible without intelligence, no task is complete without personality; both complement each other.

References

1. https://www.google.com/searchq=personality+and+intelligence+psychology
2. https://www.google.com/searchq=Intelligence+impact+on+personality+books
3. Intelligence and Personality: Bridging the Gap in Theory and Measurement by Janet M. Collis et al.
4. Personality and Intelligence by Philip Corr and Dino Krupić
5. "Personality Development and Soft Skills" by Barun Mitra."
6. "Personality Development for Students" by Dr Vijay Agrawal."
7. Personality Development" by Rajiv K Mishra."

'ROLE OF EDUCATION SYSTAM AND EDUCATIONAL INSTITUTE IN CHARACTER BUILDING'

Miss Madhvika Ueikey
Assistant Professor, Commerce
Govt. College Tamia

Abstract

Education plays a significant role in shaping the character and personality of individuals. The present article discusses the importance of the education system and educational institutions in character building among students. From the ancient Gurukul system to the modern educational framework, education has always aimed not only at intellectual growth but also at moral, social, physical, and spiritual development. The study highlights how values such as honesty, discipline, courage, sympathy, leadership, unity, and responsibility are developed through educational practices and institutional environments. Various academic and co-curricular activities such as NCC, NSS, sports, yoga, personality development programs, and Bharatiya Gyan Parampara contribute to the holistic development of students. The article further emphasizes the role of teachers, mentors, and educational institutions in creating a value-based atmosphere that nurtures responsible and ethical citizens. It concludes that true education is not limited to acquiring degrees or professional success but is fundamentally concerned with the development of good character and human values necessary for a balanced and progressive society.

Key Word: Education System, Character Building, Educational Institutions, Moral Values, Personality Development.

it's a general saying that, if wealth is lost nothing is lost, if health is lost something is lost but if character is lost everything is lost .... then it should be in point of view that, why character is so judged by society and what character is? it may be human trait or habits that human follows. Then what are these habits and traits that create any person or a human a good character person?

in ancient time seminaries (gurukuls)are there for education as educational institution in that primitive era.

Where gurus teach student (shishya) where they learn every aspects like Shastra Vidya shastra adhyayan also being thought every sort of work like Washing own clothes ,cooking, farming gardning etc .may be we can conclude that all the basic routine of human life independency as well as the learning virtues and moral values that are necessary for a human being to understand their responsibilities and liabilities towards other human being, nature , animals also every part of society age group and religion. such values and moral values are honesty, courage, unity, discipline etc.in general thought we can say character building includes physically-socially aware state of mind and body as well also an organised social behaviour of any human that comprise values for example loyalty, kindness, sympathy, as well as mental stability that makes him stand with positive approaches towards life and various aspects of human life journey.

well in this modern era of artificial intelligence and technology there in need where a student should learn such basic moral values to have sense of accountability for their own actions that can be created by teaching them the actual soul character of human that aparts them from other living beings. education and educational institute place a vital role in this context as our latest education system and institute followed by most of academic activities like NSS, NCC ,sports ,Bhartiya Gyan parampara ,personality development, yoga as in academics syllabus regularising their motto preparing students physically mentally strong teaching them unity, discipline ,leadership through NCC where NSS enables them to understand the values like sympathy followed by the slogan" not me but you".

Bhartiya gyan parampara rewindes them the quality of our ancient and historical personalities as well as education also fullill least target of literacy that opens the ability to read write that even unlock the door of systematic learning abilities if one has greeds for knowledge.

Ultimately we can say here that education is not just confined to books and mobiles and the subject matter of collecting the degree and to creating gold medalist, rather than it builts overall personality character and all the social humanitical moral values are nurtured to students and make them a high valued brave loyal spiritual dignified human being that leads to the strongest foundation stone for their better future career opportunities by creating stability over continuously variable social emotional political technological environment.

at last but the most important part of such education and educational institute related to the soul of character building among the students are the continuous fullfilment of such faculties, mentors facilitators ,professor who are expert as well as all the surrounding environment that is techniquely serve on realistic ground.

the front line educator should be unbiased and dedicated their efforts towards their profession is the only means and a primary key factor for evaluating such high value qualities in all academic phrases of education system when all of genuine attempts will be performed truly honestly continuously by concerning institute and facilities.

References

1. A.P.J. Abdul Kalam. Ignited Minds: Unleashing the Power Within India. Penguin Books, 2002.
2. Mahatma Gandhi. True Education. Navajivan Publishing House, Ahmedabad, 1962.
3. Swami Vivekananda. Education for Character Building. Advaita Ashrama Publication, Kolkata, 2008.
4. Rabindranath Tagore. Personality. Macmillan Publications, London, 1917.
5. National Education Policy (NEP) 2020. Ministry of Education, Government of India.
6. Durkheim, Emile. Education and Sociology. Free Press, New York, 1956.
7. Dewey, John. Democracy and Education. The Macmillan Company, New York, 1916.

CULTIVATING CHARACTER AND HOLISTIC PERSONALITY DEVELOPMENT: A HUMANISTIC PERSPECTIVE

Dr. Roopa Dehariya

Abstract

In an era marked by rapid technological advancement and intensifying competition, the meaning of human development is often reduced to measurable performance. This paper re-centers development within a humanistic framework, arguing that character formation and holistic personality development are indispensable to meaningful progress. Drawing on humanistic psychology and philosophy, the study integrates moral values, emotional intelligence, self-awareness, and social responsibility into a unified model of growth. Using a qualitative, conceptual-analytical approach, the paper synthesizes classical and contemporary literature to propose an education-oriented pathway for nurturing ethically grounded, self-actualizing individuals. The findings suggest that sustainable individual and social well-being depends on aligning cognitive excellence with empathy, integrity, and reflective consciousness.

Keywords: Character formation; personality development; humanistic approach; self-actualization; moral education; emotional intelligence

1. Introduction

Human development cannot be confined to the accumulation of knowledge or professional success; it is equally a process of becoming—of cultivating integrity, empathy, and purpose. Contemporary systems of education and work, however, frequently privilege measurable outcomes over moral and emotional growth. This imbalance has generated concerns about ethical erosion and diminished social sensitivity. From a humanistic standpoint, the individual is a whole—an integration of cognition, affect, values, and aspirations (Rogers, 1961). The present paper examines character formation and personality development through this integrative lens, emphasizing the centrality of human dignity, authenticity, and self-actualization (Maslow, 1954).

2. Conceptual Framework

2.1 Character

Character denotes the relatively stable set of moral dispositions that guide judgment and action—honesty, responsibility, compassion, and courage. It is cultivated through lived experience and reflective practice rather than inherited as a fixed trait (Dewey, 1938). Character formation involves internalizing values so that ethical action becomes self-endorsed rather than externally imposed.

2.2 Personality as a Holistic Construct

Personality encompasses enduring patterns of thought, emotion, and behavior. A holistic view includes self-concept, meaning-making, and value orientation, not merely observable traits. Thus, development entails inner coherence—alignment between beliefs, feelings, and actions (Allport, 1961).

2.3 Humanistic Perspective

Humanistic psychology foregrounds growth, freedom, and the innate tendency toward actualization (Maslow, 1954; Rogers, 1961). It advocates environments characterized by empathy, authenticity, and unconditional positive regard, enabling individuals to realize their potential while remaining ethically grounded.

3. Interrelationship Between Character and Personality

Personality provides behavioral structure; character supplies moral direction. Without character, personality may achieve effectiveness without integrity; with character, effectiveness is guided by ethical purpose. Development, therefore, must be integrative—simultaneously nurturing cognitive, emotional, and moral capacities (Lickona, 1991).

4. Role of Education in Character Formation

4.1 Value-Based Education

Education must extend beyond information delivery to value formation. Dialogic engagement with ethical dilemmas fosters moral reasoning and responsibility (Kohlberg, 1984).

4.2 Experiential Learning

Experiences—service learning, collaborative projects, reflective journaling—enable internalization of values (Dewey, 1938). Reflection transforms experience into insight.

4.3 Teacher as Moral Agent

Teachers influence learners through example. Consistent, respectful, and caring interactions model the very values education seeks to cultivate (Noddings, 2005).

5. Emotional Intelligence and Self-Awareness

Emotional intelligence—the capacity to perceive, understand, and regulate emotions—supports ethical action and healthy relationships (Goleman, 1995). Self-awareness anchors this capacity, enabling reflective choice rather than impulsive reaction. Individuals with higher emotional intelligence demonstrate greater empathy, resilience, and prosocial behavior.

6. Social and Cultural Dimensions

Character and personality are shaped within sociocultural contexts. Families and communities transmit norms and values, while broader cultural forces introduce diversity and tension. A humanistic approach encourages dialogic respect for diversity alongside a stable ethical core (Taylor, 1992).

7. Contemporary Challenges

Materialism, hyper-competition, and pervasive digital media can fragment attention and attenuate empathy. The commodification of success risks sidelining moral purpose. Addressing these challenges requires intentional cultivation of reflection, community engagement, and ethical literacy within educational and social institutions.

8. Toward a Humanistic Model of Development

An integrative model includes: (a) reflective practices (mindfulness, journaling), (b) empathy cultivation (dialogue, perspective-taking), (c) value-infused curricula, and (d) inclusive, supportive environments. Development is understood as an emergent, participatory process rather than a top-down imposition.

9. Methodology (Conceptual-Analytical)

This study employs a qualitative, conceptual-analytical method, synthesizing seminal and contemporary texts in humanistic psychology, moral education, and philosophy of education. The approach emphasizes interpretive coherence and theoretical integration rather than empirical measurement.

10. Discussion

The synthesis indicates that character and personality development are mutually reinforcing. Educational practices that integrate experience, reflection, and ethical dialogue foster deeper internalization of values. Emotional intelligence acts as a bridge between knowing and doing, translating moral understanding into action. The humanistic emphasis on dignity and authenticity ensures that development remains person-centered rather than merely performance-driven.

11. Implications for Practice

Institutions should embed value education across curricula, assess reflective competencies alongside academic outcomes, and cultivate teacher development focused on relational pedagogy.

Community partnerships can extend learning into real-world ethical engagement.

12. Conclusion

Holistic development requires harmonizing intellect with empathy and integrity. A humanistic framework offers a coherent pathway for nurturing individuals who are not only capable but also conscientious and compassionate. Such development underpins sustainable social well-being.

References

1. Allport, G. W. (1961). Pattern and growth in personality. Holt, Rinehart & Winston.
2. Dewey, J. (1938). Experience and education. Macmillan.
3. Goleman, D. (1995). Emotional intelligence. Bantam Books.
4. Kohlberg, L. (1984). Essays on moral development: Vol. 2. The psychology of moral development. Harper & Row.
5. Lickona, T. (1991). Educating for character: How our schools can teach respect and responsibility.
6. Bantam. Maslow, A. H. (1954). Motivation and personality. Harper & Row.
7. Noddings, N. (2005). The challenge to care in schools (2nd ed.). Teachers College Press. Rogers, C. R. (1961). On becoming a person. Houghton Mifflin.
8. Taylor, C. (1992). Multiculturalism and "the politics of recognition". Princeton University Press.

WOMEN'S ROLE IN CHARACTER BUILDING AND HOLISTIC PERSONALITY DEVELOPMENT

Dr. Padma Pitliya
Govt. College Namli

Abstract

Currently an acute crisis exists regarding the traditional methodological platform of the higher education system. Research continues with studies of individual facets of human personality without referring to new methodological realities. The dominant model of the University has remained unchanged for about 200 years. Today, however, the goals, means and agents of socialization are changing. In this essay, a new methodological platform for personality development is proposed and discussed, one which examines the role of behavioral stereotypes in the social and professional success of the individual.

Introduction

Not only biologically, but also as pillars of emotional strength, moral guidance, cultural preservation, social nurturing, and moral leadership, women have always been fundamental to human society. Women shape character and significantly contribute to the holistic personality development of individuals and societies as a whole, from familial spaces to community systems, from generation to generation. Their influence is profound, multifaceted, and timeless. This essay looks at how women shape character, nurture values, and shape personality traits, and why their role is so important in both traditional and modern settings.

1. Comprehending Character and a Whole Person

It is essential to define character and holistic personality before discussing the role of women in these areas. Honesty, resilience, empathy, integrity, and self-discipline are examples of moral and ethical traits that define a person's thoughts, feelings, and actions. People can navigate life with purpose and responsibility with a strong character. On the other hand, a holistic personality takes into account a person's intellectual, emotional, psychological, moral, social, and spiritual aspects. A person is complete when they develop each essential quality in a balanced way. A balanced emotional health, ethical behavior, social awareness, interpersonal stability, and a holistic personality are all aspects of a holistic personality. Character and a person's whole personality, not just their achievements, shape who they are and how they live. Both are heavily influenced by women.

2. Women's role as family character builders

Character development often begins in the family, which has traditionally been built by women as the most important social institution. First-Year Teacher's Mother Most of the time, a mother is a child's first teacher, mentor, and moral compass. Emotional cues, patterns of behavior, language, norms, and values are all absorbed by children from birth.

Every day, mothers teach their children the values of love, patience, forgiveness, kindness, and selflessness, which become ingrained in a person's character. This is supported by psychological research, which shows that the emotional bonds formed early on between a child and their primary caregiver, typically the mother, are crucial in shaping attachment, empathy, and moral understanding. The foundation for healthy personality development in later life is this secure attachment. Mothers demonstrate emotional intelligence how to deal with stress, resolve conflict, and build relationships in addition to providing for their children's physical needs. Children's later attitudes toward society, education, work, and interpersonal relationships are influenced by this everyday experience.

Women as Models of Moral Behavior and moral authority

Women are also the most important role models. Compassion, honesty, resilience, and respect for others are internalized when children observe a woman's behavior. Young minds develop self-discipline, fairness, and moral uprightness when a caring, principled woman is in the family. Through both direct instruction and modeling, mothers frequently impart important moral lessons like honesty, accountability, and responsibility. These lessons help people develop the qualities of integrity and dependability that define them. For instance, a mother's influence on a child's inner compass is shaped when she promotes fairness among siblings or peaceful conflict resolution.

3. Education and character development for women

Women play multiple roles in this space, and while families initiate character development, formal education amplifies it: Mentors and educators Young people's minds are constantly influenced by female educators, from kindergarten teachers to college professors. In addition to imparting academic knowledge, they are also responsible for cultivating self-assurance, curiosity, discipline, resilience, and ethical reasoning.

Teachers assist students in overcoming emotional obstacles. Women teachers who demonstrate patience, empathy, fairness, and strong communication skills are beneficial to both boys and girls. The intellectual and personal development of students is aided by these positive role models. Women's Contribution to Educational Equity Women educators frequently bring inclusive teaching methods, classroom management empathy, and learning environments that are supportive. Kindness and encouragement from teachers can help students recover from setbacks with resilience and optimism. Character and personality development are largely dependent on these qualities of adaptability, perseverance, and empathy.

4. Women Shaping Social and Community Values

Women make significant contributions to broader social settings, in addition to their families and formal education. Women in Community Development Women organize and participate in community activities that foster social harmony in many societies. Women's self-help groups, for example, not only help the economy grow, but they also help people work together, respect each other, and have confidence in themselves. Social awareness and civic values like cooperation, accountability, and collective responsibility are frequently promoted by these groups. Women's participation in economic activities like dairy cooperatives, self-help groups, and small businesses, which contribute to economic growth and social progress, has recently increased in India.

Women Promoting Change in Society Communities often reflect on values like justice, fairness, and human dignity when women participate in social campaigns related to health, education, or equality. Equal opportunity, inheritance, and education rights are just a few of the rights that women promote when they speak out for them.

5. Emotional Intelligence and Women

An essential component of a holistic personality is emotional intelligence, or the capacity to recognize, comprehend, and control one's emotions. Women's roles in care giving, communication, and community involvement nurture their emotional intelligence to high levels.

Building relationships, emotional support, and empathy In families and social networks, women frequently act as emotional anchors. Individuals who are able to empathize, or comprehend the emotions of others, offer emotional support, comfort, and develop better interpersonal skills. Empathy fosters mutual respect and emotional maturity in conflict resolution. Women's communication styles frequently emphasize negotiation, active listening, clarity, and warmth. Negotiation, conflict resolution, and stronger relationships are all aided by these skills, which are crucial to holistic personality development.

6. Economic Participation and Personality Formation of Women

Women's contributions extend beyond the confines of the home as a result of economic independence and participation. Women in the workforce and Building Confidence Self-confidence, ability to make decisions, and ability to solve problems all improve when more women enter the workforce, from corporate leadership to entrepreneurship. Personality development and social contribution are largely dependent on these characteristics. Resilience, strategic planning, assertiveness, and leadership, for instance, are essential components of a well-rounded personality when women manage finances, lead teams, or run businesses. In addition, women's social networks grow as a result of economic participation, as do their social awareness and exposure to a variety of experiences all of which aid in character and personality development. Leadership and Decision-Making by Women Political, business, educational, and civil society leaders who are women have an impact on social norms and challenge stereotypes. Courage, accountability, fairness, and working together to solve problems are all emphasized by their leadership.

7. Women as Protectors of Ethical and Cultural Heritage

Cultural values, language, tradition, and continuity are frequently upheld by women. Through stories, rituals, language, and day-to-day activities, cultural heritage and ethical teachings are passed down. Practice women assist young people in developing a sense of self-worth, pride, moral compass, and appreciation for cultural diversity. Women in many cultures keep telling stories with moral lessons, historical awareness, and cultural identity that shape children's worldviews and moral foundations.

8. Obstacles that Women Face That Influence Their Role

Women still face significant obstacles, including gender stereotypes, unequal access to education and employment, discrimination, and societal bias, despite the important roles they play. Women's full participation in education, the workforce, leadership, and public life is hindered by persistent social stereotypes that view women as secondary or subordinate to men. This hinders not only the personal growth of women but also the advancement of society as a whole. Demand for Gender Parity It is essential to achieve equality of opportunity in education, employment, leadership, and social participation. Women's potential to contribute to character development and personality development increases exponentially when they receive equal support and the freedom to pursue their goals. Legal reforms, education, awareness campaigns, and supportive social policies aimed at reducing gender bias contribute to the creation of an environment where women can thrive and contribute to society.

9. Conclusion: A Comprehensive Future Vision

Women's contributions to character development and holistic personality development are transformative and essential. Women contribute to the development of balanced, resilient, compassionate, and capable individuals through a variety of roles, including community leadership, emotional intelligence, and ethical guidance. Culturally, socially, educationally, and economically, societies that value, respect, and empower women strengthen their members' character and encourage holistic development. Women flourish and improve families, communities, and nations when they are free, educated, supported, and respected. In essence, women are not only contributors to development but also architects of character, personality nurturers, and crucial partners in the creation of a society that is balanced, just, and flourishing. Women's empowerment is not only a moral requirement but also the basis for long-term progress and human dignity.

References

1. Bandura, A., & National Inst. of Mental Health (1986). Prentice-Hall series in social learning theory. Social foundations of thought and action: A social cognitive theory. Englewood Cliffs, NJ: PrenticeHall.
2. Berulava, G. A. (2008). Psychology in practice. Seattle, WA: Seattle Pacific University.

3. Berulava, G. A. (2001). Personality style: Theory and practice. M: Russian Pedagogical Society. Bodenhausen, G.V., & Lichtenstein, M. (1987). Social stereotypes and information-processing strategies: The impact of task complexity. Journal of Personality and Social Psychology, 52-1987, pp. 871-880

www.ingramcontent.com/pod-product-compliance
Lightning Source LLC
LaVergne TN
LVHW100332210926
848480LV00003B/1317
9798905602436